우리집 댕댕이 성격 유형 검사

견성검사

우리집 댕댕이 성격 유형 검사

견성검사

앨리슨 데이비스 지음 | 알리샤 레비 그림 | 조유미 옮김

Contents

프롤로그

우리는 강아지가 옆에 있다는 것만으로도 기분이 좋아집니다. 힘차게 흔들어대는 꼬리와 거부할 수 없는 초롱초롱한 눈망울, 충직한 천성 덕분에 강아지는 사람들의 가장 좋은 친구가 되었죠. 빙하기 초 사람과 나란히 사냥에 나서던 늑대였을 시절에는 먹이를 구해야 하니 사람과 경쟁을 벌였겠지만 이내 사람과는 협력하는 편이 이익이라는 점이 분명해졌어요. 시간이 지나 늑대 무리가 지닌 집단적 힘과 능력을 알아본 수렵·채집인들이 이들을 길들였고, 늑대는 사람들의 사육을 통해 진화했어요.

오늘날 강아지는 어느새 사람들 가족의 일원이 되어 일상의 중심을 차지하며 무한한 기쁨을 안겨주고 있어요. 그런데 우리 집 댕댕이가 진정으로 원하는 것은 무엇일까요? 강아지는 감정을 숨김없이 드러내는 것처럼 보여요. 배를 쓰다듬어 주면 좋아하고 오후에는 낮잠을 즐기고 간식을 열렬히 바라는 것 같거든요. 그런데 좀 더 깊이 들여다보면, 우리가 강아지에 대해 아는 것보다 모르는 게 훨씬 더 많다는 사실을 알게 될 거예요.

강아지는 왜 짖는 걸까요? 아무것도 아닌 일에 짖는 걸까요, 강아지 나름의 방식으로 누군가에게 명령을 내리고 있는 걸까요? 자리에서 빙빙 도는 이유는 뭘까요? 꼬리를 쫓는 걸까요, 우리의 혼을 쏙 빼놓으려 일부러 그러는 걸까요? 어떤 비밀 업무를 눈치 챘기에 바다 생물처럼 슬금슬금 수상쩍은 걸음을 옮기는 걸까요? 이렇게 말하니 혼란스럽겠군요. 강아지도 그럴지 몰라요. 작은 오렌지 크기의 강아지의 뇌에는 주인 얼굴을 핥는 사랑스러운 생각 외에 혼란과 혼돈이 큰 부분을 차지하고 있어요.

복슬복슬 귀엽기만 하다가 30초 만에 맹견으로 변하는 강아지는 수수께끼 같은 존재예요. 강아지의 속마음을 모두 알 수는 없지만 강아지의 행동을 관찰하다 보면 반복되는 패턴이 있어요. 우리 집 댕댕이의 마음을 읽는 테스트를 통해 당신이 사랑하는 강아지가 진짜 어떤 존재인지 이해하게 될 거예요. 당신의 댕댕이는 사실 당신을 행복하게 해주려고 살아요. 그러니 그들의 호의에 보답하는 것이 당연한 도리가 아닐까요. 강아지의 성향을 더 잘 알게 된다면 강아지가 더 만족스러운 삶을 살게 될 거예요. 또 당신의 어떤 장난이 강아지를 짖게 하는지 아니면 꼬리를 흔들게 하는지 이해하게 될 거예요. 그 비밀을 알고 싶지 않은 사람이 있을까요?

물론 스패니얼을 이해하거나 테리어가 흥분하는 이유를 찾아내는 데는 평생이 걸릴지도 몰라요. 그러니 시작이 더욱 중요해요. 이 책에서 우리 집 댕댕이의 성격을 탐구하고 댕댕이의 비밀을 풀 수 있는 기본 정보를 발견하게 될 거예요.

책 사용법

책에 나온 아홉 가지 질문은 강아지의 성격을 여러 각도에서 살펴보기 위한 것입니다. 질문의 주제를 하나 고르고 A~D 중에 무엇이 당신이 키우는 강아지의 특성에 가장 잘 맞는지 답해 보세요. 답을 모두 낸 다음 책 마지막 부분에서 강아지의 여섯 가지 성격 유형 중 당신이 키우는 강아지가 어디에 해당하는지 찾아보세요.

당신의 강아지가 보이는 특이한 행동이 강아지의 종과 얼만큼 관련을 맺고 있는지 궁금하지 않나요? 122~125페이지에서 인기 견종과 이들의 전형적인 성격 유형에 관해 좀 더 알아볼 수 있어요. 강아지는 길들여지는 걸까요, 본능에 더 충실할까요? 소형 푸들견에게도 혹시 로트와일러 같은 만만치 않은 종이 지닌 불굴의 투지가 있을까요?

이 책은 연구에 기반한 내용들로 당신이 강아지를 더 잘 이해하고 강아지와의 유대감을 강화하도록 돕는 흥미로운 안내서예요. 강아지는 놀라움이 가득한 존재잖아요. 그러니 꼭 맞는 답을 찾지 못하더라도 걱정할 필요는 없어요. 다양한 테스트를 시도하다 보면 당신의 강아지에게 얼마나 다양한 모습이 있는지 발견하게 될 거예요.

강아지의 여섯 가지 성격

각 특징은 또한 당신의 반려견이 주된 여섯 가지 성격적 특성(오른쪽 그림 참조)—이 목록은 1979년 미국 애견가 클럽에서 처음으로 작성됐고 오늘날의 개의 특성에 맞춰 살짝 수정되었어요—가운데 어디에 가장 잘 들어맞는지 보여줘요. 아홉 가지 테스트를 해보고 결과를 종합해 118페이지에 점수를 기록해 보세요. 어떤 특성이 당신이 키우는 댕댕이의 성격을 가장 잘 나타내는지 찾아보세요.

강아지의 여섯 가지 성격

2

온순함

다정하고 붙임성이 있어서 가족들의 관심을 독차지하는 것을 무척 좋아해요.

3

외향적

자신감이 넘치고 새로운 모험을 찾아다니며 선두에 서는 것을 좋아해요.

1

지배적

확고하게 자신의 주장을 펴는 힘찬 강아지예요.

4

내성적

쉽게 불안을 느껴서 잘 안심시켜줘야 하지만 주인과는 친밀한 유대감을 형성해요.

5

독립적

사람과의 유대감에 큰 관심이 없지만 목표가 생기면 활기가 넘쳐요.

6

순응적

온순하고 애정이 많으며 자신감은 좀 부족하지만 다루기가 쉽고 협조적이에요.

나의 강아지는 서열 몇 위?

당신이 키우는 강아지는 얼마나 자신감이 넘치나요?

강아지는 서열을 통해 영향력을 행사하려는 타고난 본능이 있어요. 이런 천성 때문에 리더로 타고나는 강아지가 있는 반면 천성적으로 리더를 따르기만 하는 강아지도 있어요. 타고난 리더는 어미 개의 관심을 받으려고 새끼들과 경쟁하면서 두각을 나타내요. 어떤 유형이든 시간이 지나 본능이 발달하면 무리에서 자신에게 맞는 자리를 찾아가요.

만약 당신이 키우는 강아지가 서열이 높다면 초기의 성장 환경이 일정 부분 영향을 미쳤을 거예요. 가족 내 역학 관계에서 자기의 자리를 찾아가는 방식에도 영향을 미쳐요. 성격 역시 큰 역할을 해요. 겁이 아주 많거나 내향적인 강아지라면 자신감이 부족할 거예요. 품종도 한 요인이에요. 당신은 어쩌면 주로 큰 강아지가 주도적 역할을 하며 리더의 자질을 갖추고 있다고 생각할지 모르지만, 실제로 몇몇 소형 품종 역시 리더가 될 자질이 풍부해요.

모든 강아지가 리더의 자리를 넘보는 건 아니에요. 명령에 따르는 것을 더 좋아하는 강아지도 있고 중재 역할을 선호하는 강아지도 있어요. 당신의 강아지가 시종일관 앉아 있는 자리만 살펴봐도 강아지의 심리를 꿰뚫어볼 수 있는 통찰력을 얻을 수 있어요. 강아지의 꿈이 세계 정복인지 당신이 차지한 소파를 혼자 독차지하려는 건지 말이에요.

Q1. 모든 집에는 가족 간 역학 관계가 존재합니다. 당신의 댕댕이도 그 관계 속에서 자신의 자리를 찾아가죠. 그렇다면 댕댕이는 당신을 어떻게 생각하고 있을까요?

A 범죄 파트너

B 가장 친한 친구

C 엄마나 아빠

D '자기' 무리의 일원

Q2. 밤에 영화를 볼 때 소파의 가장 좋은 자리는 누가 차지하나요?

A 당신 옆에 가까이 붙어 있을 수만 있다면 좋은 자리쯤이야 기꺼이 내준다.

B 근처에 눈을 붙일 완벽한 공간이 있다면 어디든 개의치 않는다.

C 당신에게 좋은 자리를 양보하지만, 대신 무릎 위에 동그랗게 몸을 말고 있어야 한다.

D 자기가 차지한다. 당신이 자리를 바꾸려고 하면 죽은 듯 꼼짝도 하지 않는다.

Q3. 당신의 댕댕이는 새로운 친구를 어떻게 사귀나요?

A 조심스럽게 다가가 엉덩이에 코를 대고 여러 번 킁킁댄다.

B 가까이 다가가 몸을 막 비비고 흥분해서 시끄럽게 짖는다.

C 부끄러움을 많이 타서 다른 강아지를 신뢰하기까지 오랜 시간이 걸린다.

D 다른 강아지들은 친구가 아니고 부하일 뿐이다.

Q4. 당신의 강아지가 다른 강아지와 서로 으르렁거리고 있습니다. 다음에 어떤 일이 벌어질까요?

A 그냥 한번 짖을 뿐 상대가 으르렁대는 걸 개의치 않는다.

B 대치 상황을 피하려고 하지만 필요하다면 꼼짝하지 않고 자신의 영역을 지킨다.

C 당신 뒤나 가로등 뒤, (당신은 충분히 이해하는) 한 포기 풀 뒤에 숨을 것이다.

D 어떤 상대도 무서워하지 않는다. 자기가 왕이기 때문이다.

Q5. 당신의 댕댕이는 여러 사람에게 애정을 표현하나요, 단 한 사람만 바라보나요?

A 새로운 사람을 만나면 기뻐하지만 언제나 당신이 1순위다.

B 누구에게나 다정하다.

C 다른 사람에겐 전혀 관심이 없다. 당신과 있다는 게 가장 중요하다.

D 사람들이 조심스럽게 행동하는 한 참아줄 것이다.

Q6. **당신의 댕댕이가 가장 좋아하는 구운 닭을 저녁으로 만들었습니다. 이때 댕댕이는 어떻게 행동하나요?**

A 닭 날개를 입에 물고 쏜살같이 달아난다.

B 닭 한 조각을 얻을 때까지 다정하게 머리를 비비며 갖은 아양을 떤다.

C 안쓰러운 마음이 들어 하는 수 없이 한 조각을 줄 때까지 혀를 날름거리며 침을 뚝뚝 흘린다.

D 자연스럽게 벌써 식탁에서 제일 좋은 자리를 차지하고 있다.

Q7. **다른 강아지들과 함께라면 당신의 강아지는 무리에서 어떤 역할을 할까요?**

A 새로운 모험을 향해 무리를 이끌며 선두에 나선다.

B 모든 강아지와 친하게 지내며 무리 속에 섞인다.

C 명령을 따르며 뒤에서 편안함을 느낀다.

D 모든 것을 지휘하며 무리의 왕으로 군림한다.

Q8. **다음 TV 프로그램에 등장하는 강아지 중에서 당신의 댕댕이와 성향이 가장 비슷한 강아지는 누구일까요?**

A 브라이언 그리핀(Brian Griffin)처럼 거만하다.

B 산타의 작은 도우미(Santa's Little Helper)처럼 활기차다.

C 스쿠비 두(Scooby Doo)처럼 겁이 많다.

D 스누피(Snoopy)처럼 주도적으로 행동한다.

Q9. 아이들이 꽉 찬 방에서 당신의 댕댕이는 어떻게 행동하나요?

A 자기 꼬리를 쫓으며 아이들과 함께 마구 날뛴다.

B 모든 아이들이 자기를 쓰다듬고 안아볼 수 있게 한다.

C 끙끙거리며 구석에 숨는다.

D 계속해서 쿡쿡 찔러대는 손가락을 피하려고 주변을 서성거린다.

결과

Mostly

A

기분파

온순하고 외향적인

'치키(cheeky, 장난기 넘치는)'는 이런 강아지의 미들 네임이에요. 삶이라는 하나의 큰 게임에서 맡은 바 역할을 다하고 싶어 하는 강아지죠. 이런 강아지는 다정하고 재미있으며 흥미로운 존재예요. 그렇다고 자기 생각대로 일이 돌아가지 않을 때도 안 짖는단 뜻은 아니에요. 강아지들 사이에서 이 녀석은 쉽게 이길 수 있는 상대가 아니에요. 하지만 옳고 그른 일은 없어요. 일단 누가 누구고, 무엇이 무엇인지 파악하고 나면 이 녀석은 다시 평소의 행복한 모습으로 되돌아와요. 주인에 대해서라면 이 녀석의 관심은 오로지 당신에게 향해 있어요. 가족의 일원으로 함께할 때는 꼬리를 흔들지만, 당신이 아주 편안하게 느껴지면 예기치 못한 일을 벌이기도 해요. 물건이 갑자기 눈에 띄지 않는다면 분명 이 녀석이 씹고 있을 거예요. 당신을 즐겁게 하는 일은 이 녀석이 수행하는 비밀 작전 중 하나예요.

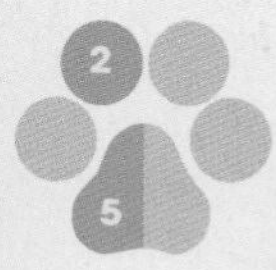

팀 플레이어

온순하고 순응적인

느긋하고 편안하며 책망하는 법이 없는 이 녀석은 편한 삶을 즐겨요. 우두머리 강아지가 의기양양한 태도로 자신의 힘을 과시하면 순순히 그러라고 해요. 털을 곤두세울 일이 생기면 이 녀석은 금방 바닥에 배를 대고 누워 삑삑대는 자신의 장난감을 씹고 있을 거예요. 이는 새끼 강아지 특유의 특성으로 모든 일을 대수롭지 않게 받아들이는 거예요. 보통 비숑 프리제나 킹 찰스 스패니얼이 여기 속해요. 온순하고 느긋한 성격이라 모두의 다정한 친구이며 당신이 기분을 북돋고 싶은 순간 기댈 수 있는 상대예요. 말을 할 수 있다면 아마 어떤 말이든 균형 잡힌 얘기를 해줄 거예요. 또 아주 영리해서 당신의 기분을 읽고 무엇이 필요한지 알아 맞히기도 해요. 간식을 먹고 싶을 때면 누워서 배를 보여주는 게 항상 효과가 있다는 사실도 알지요. 이 녀석의 좌우명은 '친절함으로 모두의 마음을 얻어라'예요. 일이 뜻대로 되지 않더라도 당신 발아래 몸을 웅크리고 있을 수 있으면 그걸로 만족한답니다.

여린 강아지

내성적이고 순응적인

우리의 불안한 작은 영혼이에요. 이 녀석은 길들여지는 게 너무 좋기만 해요. 이 녀석에게는 아무런 잘못이 없어요. 같이 태어난 새끼들 중에 가장 약한 녀석으로 자신의 의견을 당당히 밝히기를 어려워해요. 다정하게 굴다가 주인 품에 쏙 파고드는 것이 이 강아지의 최고 강점이죠. 아무리 굳게 닫힌 마음이라도 사르르 녹이지만 자기주장을 고집할 거라 기대하지는 마세요. 싸움이 벌어지면 이 녀석은 재빨리 달아나 숨을 곳을 찾는답니다. 소파 아래든, 당신의 점퍼 속이든, 당신이 있는 곳이면 어디든. 자신을 달래주기를 바라는 마음에 당신을 바라보며 지시를 기다리는 거예요. 당신이 바로 이 녀석의 대장이고, 가장 중요한 상대예요. 촉촉이 젖은 코와 애처로운 눈으로 사람의 마음을 움직이는 법을 알지만, 당신은 이런 것에 개의치 않죠. 겁이 많은 것을 제외한다면 이 녀석은 진정한 보석이에요. 원하는 것은 자신을 빛나게 해줄 사랑을 조금 더 받는 것뿐인걸요.

Mostly

D

대장

지배적이고 외향적인

이 녀석은 확실한 대장 스타일이이에요. 항상 무리에 앞장서며 타협을 모르죠. 강하고 끈질기며 재빨라서 원하는 건 뭐든 손에 넣어요. 다른 말이 필요 없어요. 다루기 힘들지는 모르지만 몇 가지 세심한 훈련을 통해 강한 자아를 억누르고 나면 거의 순종적이 된답니다. 집에서 이 녀석은 대장이 되고 싶어 TV 앞 가장 좋은 자리를 차지하고 침대에서는 당신을 밀어내요. 하지만 특히 간식을 주거나 꼭 껴안고 쓰다듬어 주기라도 하면 가만히 있죠. 사실 마음은 무척 여린 녀석이랍니다. 쉿, 이건 다른 강아지들에게는 비밀이에요! 이런 녀석은 로트와일러나 독일셰퍼드처럼 똑똑한 품종에서 가장 많이 발견되지만, 생김새나 몸의 크기와는 상관이 없어요. 중요한 건 내면의 기질이며 작은 강아지도 부드러운 털 아래 강철 같은 의지를 품고 있을 수 있죠. 당신에게 이런 대장 강아지가 있다면 마음껏 뛰놀게 해줘도 좋지만 규칙을 정하는 편이 좋아요. 모든 것을 차지하려고 하면 선을 분명히 그어 집안에서 누가 대장인지를 알려줘야 해요.

강아지의 잠버릇

당신이 키우는 강아지는 어떻게 자나요?

강아지는 함께 잠을 자기 좋은 상대예요. 누군들 강아지를 품에 안고 잠시 눈을 붙이고 싶지 않겠어요? 하루에 평균 열네 시간 동안 잠을 자는데 강아지는 오후의 낮잠을 일종의 예술 행위로 바꿔 놓았어요. 더 잠이 많은 강아지도 있어요. 퍼그처럼 작은 토이 품종과 마스티프처럼 덩치 큰 강아지는 하루 열여덟 시간까지 자기도 해요.

당신은 강아지가 게으르다고 생각할 수도 있지만 잠은 실제로 강아지의 하루에 중요한 일부이며 강아지의 건강과 안녕에 긍정적인 영향을 미쳐요. 퍼그나 불독처럼 코가 짧은 강아지가 시끄럽게 코를 골아 TV 볼륨을 높여야 한다고 생각해 보세요. 특히 통통하게 강아지를 살찌운다면 나이가 들면서 코골이 문제는 더 심해지곤 하니 주의하세요.

어떤 강아지는 얕은 잠을 자요. 겉으로는 꿈나라에서 길을 잃고 헤매는 듯한데 금세 깨어나기 일쑤죠. 코를 실룩거리게 만드는 고기 버거 냄새, 살랑거리는 나뭇잎 소리에도 다른 강아지들은 여전히 잠에 빠져 있는 동안 이 강아지는 눈 깜짝할 새에 일어나 다시 동그랗게 눈을 뜨고 있어요. 강아지의 수면 패턴까지는 모르더라도 강아지가 어떻게, 언제, 또 어디서 잠을 자고 싶어 하는지라도 알면 강아지를 좀더 평온하게 해줄 수 있을 거예요.

Q1. 강아지가 앉은 자리에서 바로 잠에 곯아떨어졌다면 엉뚱한 자리에서 자고 있을 수 있습니다. 당신이 발견한 가장 별난 곳은 어디였나요?

A 냉장고 문이 열리거나 간식이 떨어질 경우를 대비해 냉장고 문 아래 틈새에서 잔다.

B 소파 쿠션 사이에 얼굴을 묻고 엉덩이를 하늘로 향한 채 잔다.

C 당신의 무릎이나 어깨, 발 등 당신 몸에 침을 흘릴 수 있는 자세로 잔다.

D 지저분한 세탁물에 얼굴을 완전히 파묻고 잔다.

Q2. 당신의 댕댕이는 언제 자는 것을 좋아하나요?

A 오후의 햇볕을 받으며 곯아떨어지는 것을 좋아한다.

B 기회가 있을 때마다 틈틈이 잔다. 여기저기서 5분씩 눈을 붙인다.

C 당신이 넷플릭스에 빠져 있는 저녁에 자는 것을 좋아한다.

D 잘 수만 있다면 온종일 잘 것 같다.

Q3. 강아지가 무슨 꿈을 꾸는지는 알 수 없지만 당신의 댕댕이를 가장 잘 아는 사람은 바로 당신이니 추측해봅시다. 당신의 댕댕이는 꿈나라에서 무엇을 하고 싶어 할까요?

A 육즙이 흐르는 스테이크를 우적우적 씹는다.

B 뛰고, 달리고, 또 뛴다.

C 자기 주인을 꼭 안고 잔다.

D 잠을 좀 더 잔다!

Q4. 당신의 댕댕이가 잘 때 가장 좋아하는 자세는 무엇인가요?

A 등을 바닥에 대고 발은 몸에 붙이고 잔다.

B 팔다리를 자유롭게 놓고 몸을 자유자재로 구부리며 잔다.

C 아늑하게 태아처럼 몸을 둥글게 말고 잔다.

D 팔다리를 아무렇게나 벌린 채 대자로 누워 잔다.

Q5. 야외에서 눕는 것을 좋아하는 강아지가 있는 반면 이불을 혼자 독차지하는 강아지도 있습니다. 당신의 댕댕이는 어디에서 자는 걸 더 좋아하나요?

A 구운 닭이 들어 있는 따뜻한 오븐 옆, 맛있는 냄새가 솔솔 풍겨 나오는 곳에서

B 야외 잔디밭에서

C 당신의 침대에서

D 활활 타오르는 불 앞에서

Q6. 당신의 댕댕이는 아침형인가요, 쉽게 자리를 잡지 못하고 밤늦도록 깨어 있는 올빼미형인가요?

A 배에서 꼬르륵 소리가 날 때면 벌떡 일어난다.

B 안절부절못하는 이 녀석은 좀처럼 진정이 되지 않아 늦은 밤까지 깨어 있는다.

C 초저녁부터 눕는 것을 좋아한다.

D 느긋해서 기꺼이 함께 잠들고 함께 잠자리에서 일어난다.

Q7. 강아지의 평범한 행동만으로도 수면 유형을 짐작할 수 있습니다. 당신의 댕댕이는 아주 느긋한 강아지인가요, 흥분하는 사냥견인가요?

A 단순하다. 밥과 물만 주면 아기처럼 잘 잔다.

B 행복하고, 날렵하고, 항상 요란하게 짖어댈 정도로 활력이 넘쳐서 좀처럼 잠잠해지는 법이 없다.

C 계속 안고 있으면 이내 잠잠해져 잠자리에 들 준비를 한다.

D 하도 태평해서 이 녀석을 화나게 하는 건 아무것도 없으며, 느긋함의 대가로 어디서든 잘 수 있다.

Q8. 자는 동안 어떤 우스운 행동을 하나요?

A 계속 방귀를 뀌어댄다.

B 흥분해 몸을 뒤틀고, 흔들며, 불안해한다.

C 침을 많이 흘려서 보통 입 근처에 침 웅덩이가 생긴다.

D 코를 골며 바닥을 뒤흔드는 것을 좋아한다.

Q9. 당신의 댕댕이는 혼자 자는 것을 좋아하나요, 다른 강아지와 뒹굴며 함께 자는 것을 좋아하나요?

A 안락하고 따뜻한 걸 무척 좋아해서 함께 잘 개가 많으면 많을수록 더 좋아한다!

B 꼭 안아주든 말든 신경 쓰지 않으며 혼자 자는 것을 좋아한다.

C 당신 품에서는 행복하게 잠들지만 다른 동물과 함께 자는 것은 싫어한다.

D 개나 고양이, 아이, 장난감 무엇이 있든 모든 상황에서 평화롭게 잔다!

결과

Mostly

A

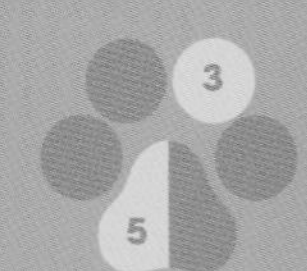

말썽꾸러기

외향적이고 순응적인

이 녀석은 자신이 원하는 것을 알고 그것을 손에 넣는 법도 알고 있어요. 배부름과 잠은 녀석의 필수 목록 제일 윗자리를 차지하고 있지요. 이 둘은 떼려야 뗄 수 없는 관계예요. 두 조건만 충족되면 어떤 불평도 하지 않아요. 먼저 냉장고에서 기다리고 다음에는 저녁 식탁에서 기다리죠. 그래도 먹을 게 나오지 않으면 애처로운 눈망울로 빤히 쳐다보며 당신의 마음을 움직여요. 배를 채우고 나면 야금야금 바비큐를 뜯거나 치즈 맛 간식을 먹는 아늑한 꿈 속으로 행복하게 빠져들어요. 이 사랑스러운 강아지에게 안락함은 매우 중요해요. 안락함 속에서 자신이 안전하며 세상에 꼭 필요한 존재라고 느끼죠. 이 녀석의 성격은 볼록한 배와 함께 무리에서 두드러지게 눈에 띄어요. 당신과 맺는 관계를 보면 침이 뚝뚝 떨어지는 뽀뽀를 마구 하며 당신에게 아낌없는 사랑을 표현하는 것을 좋아해요. 어쨌든 당신은 이 녀석이 가장 좋아하는 베개이고, 아주 훌륭한 매트리스이기도 하니까요.

Mostly
B

워커홀릭

온순하고 외향적인

잠이라고요? 말도 안 돼요. 이 녀석에겐 낭비할 시간이 없어요. 잠 따위에 신경 쓸 겨를이 없어요. 지금은 임무 수행 중이거든요. 사람도 만나야 하고, 해야 할 일, 쫓아갈 나뭇잎, 경쟁을 벌일 다른 강아지까지 인생은 끝없는 모험의 연속이죠. 에너지 넘치는 이 강아지는 당신을 긴장하게 만들어요. 잠잠해질 기미가 보이지 않죠. 이런 활발한 움직임은 품종과 어린 나이, 호기심 강한 천성이 모두 뒤섞여 일어나는 일일 거예요. 이 녀석은 아무것도 놓치고 싶어 하지 않아요! 가끔 멈추고 쉴 때가 있는데 그건 자신의 선택이 아니라 에너지를 재충전해야 하기 때문이에요. 어느새 녹초가 되어 낮잠에서 깨어나지 못하기도 하지만, 일단 잠에서 깨어 벌떡 일어나면 다시 원상태로 돌아와 모든 태세를 갖추고 말썽을 피울 일을 찾아 나서죠. 이런 강아지는 많이 움직일 수 있는 게임을 하며 놀아줘야 해요. 대개 흥분을 잘하는 하운드나 가만히 있지 못하는 테리어가 이런 유형에 해당하며, 무엇을 좋아하든 이 녀석은 지쳐 쓰러질 때가 되어서야 멈출 거예요.

Mostly

C

잠자리 친구

온순하고 내성적인

이 강아지의 마음은 온통 당신에게 가 있어요. 당신은 마음을 안정시켜주는 존재이며 깊은 잠을 자는 데 필요한 유일한 대상이죠. 무리에서 가장 강하거나 가장 빠르지는 않지만 활동량이 적은 대신 당신에게 더 살갑게 붙어 있지요. 침대를 그토록 사랑하는 이유는 게을러서가 아니에요. 침대에서 자신이 바라는 안도감을 느낄 수 있기 때문이죠. 이 녀석은 마음이 여려요. 혼자 꿋꿋하게 헤쳐나가려 하지만 당신 품에 파묻혀 있을 때면 세상 모든 일이 좋기만 하답니다. 소파에 푹신한 쿠션 몇 개와 맛있는 간식을 놓는다면 당신은 이 강아지의 마음을 얻을 수 있어요. 골든 리트리버가 여기 속해요. 쉽게 만족시킬 수 있는 강아지지만 재미있는 게임과 다양한 놀이를 하면 좀 더 활력을 북돋을 수 있어요. 이 녀석이 자신이 최고라고 느끼게 해주고 싶나요? 그건 아주 쉬운 일이에요. 이 녀석의 사랑스러운 천성에 흠뻑 빠져 꼭 안아 주기만 하면 되니까요!

Mostly

D

게으름뱅이

온순하고 순응적인

어떤 것도 이 녀석을 당황하게 만들지 못해요. 귀 끝부터 부드러운 발 끝까지 온화함의 대가예요. '빨리', '돌진', '스트레스'란 단어는 이 녀석 사전에 없답니다. 졸릴 때면 바로 잠에 빠져들며 그것이 유일하게 속도를 내는 일이랍니다. 이 유형은 덩치 큰 품종에 많아요. 당신 역시 별다른 걱정 없이 여유롭게 지내는 사람이라면 이 느긋한 천성의 강아지는 당신의 반려견으로 이상적이에요. 푹 자는 것을 좋아하지만 잠이 전부는 아니에요. 느긋한 성품 때문에 하루 종일 꾸벅꾸벅 조는 것을 좋아하지만, 덩치가 큰 강아지라면 보통의 강아지보다 원래 더 많은 수면이 필요하긴 하죠. 그렇지만 너무 실망할 필요는 없어요. 안아주기를 바라며 주변을 서성일 때 함께 있어 주면 돼요. 이 녀석은 서 있던 곳에서는 쓰러져 자고, 누워 있던 곳에서는 곧장 잠들 거예요. 이것이 녀석이 생활하는 방식이죠.

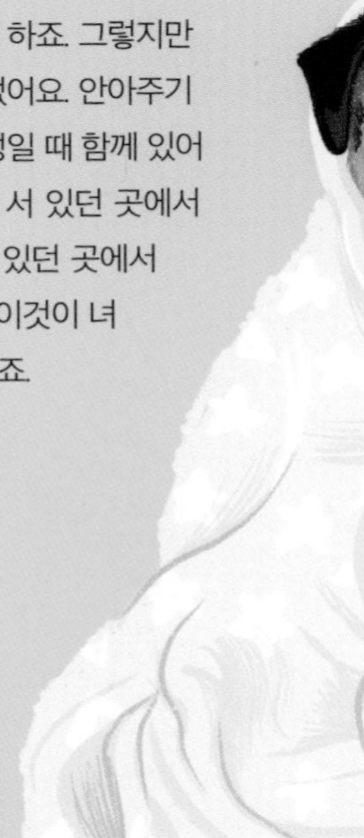

강아지가 보내는 교감 신호

당신과 강아지는 어떻게 소통하나요?

강아지와 대화하기 위해 개통령이 될 필요는 없어요. 여러 형태의 소통 방식을 지닌 강아지는 비언어적 소통의 대가죠. 귀를 실룩거리거나 팔, 다리를 뒤로 쭉 뻗는 동작에 이르기까지 강아지는 자신만의 독특한 방식으로 매일 우리에게 말을 걸어요. 이런 동작과 자세를 보고 자기의 말을 알아들을 수 있도록 말이죠. 다양한 상황에서 많은 시간을 함께 보내면 강아지의 언어를 더 많이 알게 되고, 강아지가 불안하거나 흥분하거나 불편할 때가 언제인지 파악할 수 있게 돼요.

강아지가 내는 미묘한 소리 역시 언제 행복을 느끼는지 알려주는 지표예요. 강아지는 모두 다르게 짖어요. 외향적인 종은 실제로 이야기하는 것을 좋아해요. 허스키가 그 대표적인 예예요. 무리 속에서 함께 협력하도록 길들여진 허스키는 자신의 목소리를 통해 다른 강아지에게 힘을 북돋는답니다. 허스키가 똑같은 방식으로 당신에게 말을 걸더라도 놀라지 마세요. 요크셔 테리어는 몸집은 작지만 대신 강력한 폐를 가지고 있어요. 목청껏 짖어서 덩치가 작다고 항상 우는 소리만 내는 건 아님을 증명하죠.

강아지의 품종이나, 천성, 양육 방식과 관계 없이 강아지가 당신에게 말하는 방식만 봐도 강아지의 성격을 알 수 있고 세상에 뽐내고 싶은 자신의 모습에 대한 힌트를 알려준답니다.

Q1. 당신의 댕댕이는 아침에 일어나 어떻게 인사하나요?

A 가볍게 짖으며 눈앞에서 헥헥거린다.

B 알람이 울릴 때까지 침대 이불 속에 누워 있는다.

C 바로 눈앞에서 얼굴을 핥을 준비를 하고 있다.

D 당신에게 달려들면서 흥분해 마구 짖어댄다.

Q2. 다른 강아지에게는 어떻게 인사하나요?

A 재빨리 냄새를 맡으려 엉덩이 쪽으로 향한다.

B 직접적인 접촉을 피한 채 시간을 두고 다른 강아지를 파악한다.

C 먼저 코와 얼굴의 냄새를 맡으며 다가간다.

D 마구 짖고 펄쩍펄쩍 뛰면서 자신의 존재를 알린다.

Q3. 여러 이유로 강아지들은 시끄럽게 짖습니다. 달을 보며 길게 울기도 하고, TV를 향해 요란하게 짖어대기도 하죠. 또 조용하게 지내는 것을 더 좋아하는 강아지도 있어요. 당신의 강아지는 무엇을 보고 짖는 편인가요?

A 다른 강아지. 이 녀석은 강아지 합창단의 일원이 되고 싶어 한다.

B 사이렌 소리, 불꽃놀이, 시끄러운 광고… 이 모든 것을 싫어한다.

C 크게 짖는 편은 아니다. 머리의 각도와 자세가 조금씩 바뀔 뿐이다.

D 보름달. 이 녀석은 아주 사소한 것에도 신경이 곤두선다.

Q4. 강아지는 규칙적인 생활을 좋아하는데, 다음 중 어느 방법으로 당신에게 자기의 간식 시간임을 알려주나요?

A 풍부한 감정이 담긴 목소리로 짖으며 침을 뚝뚝 흘린다.

B 크게 한 번 짖어 관심을 끈 후 간식통을 쳐다본다.

C 마치 '간식 주세요!'라고 말하듯 무릎 위에 손을 부드럽게 올려놓는다.

D 간식 찬장 옆에 서서 알아들을 때까지 목청껏 짖는다.

Q5. 당신이 행복하면 강아지도 행복해요. 당신의 댕댕이는 무엇으로 자신의 기쁨을 표현하나요?

A 멍멍 짖고 뒹굴며 우스꽝스러운 행동을 한다.

B 신이 나 당신에게 몸을 비빈다.

C 당신의 얼굴을 침 범벅으로 만든다.

D 프리마 돈나라도 되는 양 춤을 춘다.

Q6. 기분이 안 좋을 때는 다음 중 어떤 행동을 하나요?

A 몸을 동그랗게 말고 앓는 소리를 낸다.

B 모든 것에서 떨어져 조용한 은신처로 숨는다.

C 당신을 쿡쿡 누르고 마구 핥으며 자기의 기분을 알리려고 한다.

D 당신이 알아챌 때까지 계속해서 낮게 으르렁거리는 소리를 낸다.

Q7. 당신이 말을 걸면 당신의 댕댕이는 어떻게 하나요?

A 품에 안기려고 무릎으로 뛰어오른다.

B 머리를 한쪽으로 비스듬히 기울이며 주의 깊게 듣는다.

C 이해한다는 듯이 촉촉히 젖은 코를 당신에게 살짝 갖다댄다.

D 계속 짖으며 당신에게 말대답을 한다.

Q8. 강아지는 자신만의 고유한 소리로 짖습니다. 자기만의 독특한 소리인 거죠. 당신의 댕댕이는 어떻게 짖나요?

A 아주 높은 톤으로 짖는, 강아지 계의 머라이어 캐리다.

B 밝고 활기차며 짖을 때면 자신만의 독특한 방식이 있다.

C 자기 몸집처럼 작은 소리로 끙끙거리며 투덜대듯 짖는다.

D 허스키하고 거친 소리로 짖는 이 녀석은 강아지 왕국의 요란한 록매니아다.

Q9. 길에서 다른 강아지나 유기견을 만나면 신이 나 다가가나요, 낯을 가리나요?

A 이 꾀 많은 녀석은 짖으며 높이 뛰는 재주를 선보여 보는 사람을 깜짝 놀라게 한다.

B 머리를 비비고 코를 킁킁거리면 친구의 마음을 얻을 수 있다는 걸 안다.

C 이 조용한 녀석은 모르는 친구라면 잠자코 조용히 있는다.

D 이 수다쟁이는 조심스럽게 다가가는 법이 없다. 자기에게 관심을 보이는 대상이라면 누구라도 시끄럽게 짖으며 반긴다.

결과

Mostly

A

어릿광대

외향적이고 순응적인

어릿광대 같은 유형으로 빈둥거리며 제멋대로 여러 이상한 소리를 내요. 소리를 낼 때는 동작과 얼굴 표정도 함께 나타나므로 녀석의 속마음을 읽는 건 아주 쉬운 일이에요. 보통은 침착하고 다정하기 때문에 무언가 일을 벌이고 있으면 금방 알 수 있어요. 유순한 얼굴과 온화한 태도로 입꼬리가 살짝 올라간 모습을 보면 분명 당신을 향해 웃고 있다고 생각할 거예요. 이 유쾌한 녀석은 사소한 일로는 잘 짖지 않아요. 짖으며 으르렁거릴 때도 있지만 꼭 필요한 경우가 아니라면 좀처럼 짖는 법이 없어요. 함께 있으면 즐거워지는 유형이에요. 인생의 우여곡절을 겪을 때 이 녀석은 당신을 즐겁게 해주고 미소 짓게 만들고, 자신의 마음을 쉽게 열어 보여요. 이 녀석과 함께라면 소통에 있어서 당신과 강아지는 최고의 팀이 되지요. 당신은 이 강아지를 '갖고,' 강아지는 '당신'을 가져요. 당신과 강아지는 완벽한 한 쌍이죠!

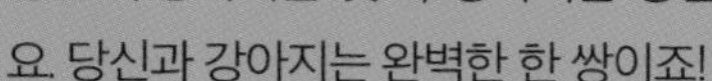

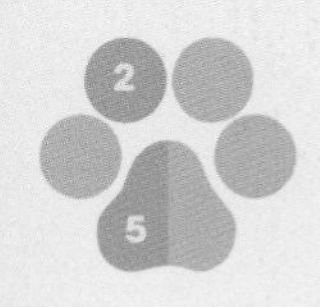

Mostly
B

구루

온순하고 순응적인

이 매력적인 강아지는 오랜 친구처럼 느껴질 거예요. 많은 얘기를 하지 않지만 한번 말을 할 때면 아주 중요한 얘기를 하죠. 이 녀석의 보디랭귀지는 어디에도 비할 데 없이 훌륭하며 상황을 파악하고 당신에게 자신의 감정을 알리는 데 이 보디랭귀지를 사용해요. 이 녀석이 당신에게 관심을 보이면 당신은 금방 알아챌 거예요. 이 녀석의 소리는 당신의 마음을 움직이고 단 한 번의 표현만으로 당신은 이 강아지의 마음이 어떤지 알 수 있어요. 온화하고 지혜롭고 항상 당신 곁을 지키며 당신의 생각을 미리 알아차리죠. 이미 당신보다 한 발짝 앞서 나가 당신이 따라오기를 기다리고 있어요. 이런 강아지라면 더 많은 시간을 보낼수록 녀석의 말을 더 잘 알아듣게 돼요. 시간을 갖고 녀석이 이끄는 대로 따라가 보세요. 아주 미묘한 방법으로 자신에게 필요한 게 무엇인지를 알려줄 거예요. 이 점잖은 강아지는 말없이 자신이 하고 싶은 얘기를 해요. 이런 조심스럽고 신중한 태도는 친구를 사귈 때도 평생을 함께 할 친구를 사귄다는 것을 말해주며, 당신도 여기에 해당돼요.

Mostly

C

해바라기

내성적이고 순응적인

소녀 같은 유형이에요. 당신이 당황해 어쩔 줄 몰라 하면 자신의 마음을 절대 내보이지 않을 거예요. 황금 심장을 가진 이 강아지는 자주 불안해해요. 용기를 살짝 북돋으면 그제서야 마음을 열어 보이죠. 좀처럼 소리를 내는 법이 없어 당신은 이 녀석이 목소리가 있기나 한지 궁금해하지만, 이 강아지는 조용히 있는 걸 더 좋아한답니다. 저녁을 달라고 짖는 법이 없으며 당신이 자신의 우선 순위 목록 제일 위를 차지하고 있다는 것을 알아챌 때까지 아낌없는 사랑을 주며 품에 바싹 파고들지요. 천성적으로 수줍음이 많아서 자신의 감정을 목소리가 아닌 행동으로 보여주는 걸 좋아해요. 얼굴을 핥고 침을 뚝뚝 흘리면서 배가 고픈 걸 알리거나 당신의 애정을 바라고 있다는 걸 보여주며, 손을 내밀어 당신의 관심을 얻거나 냉장고 문을 열려고도 해요. 가끔은 이 녀석의 마음을 읽기 어려울 때가 있어요. 그러니 주의 깊게 살펴보며 다양한 상황에서 이 녀석이 어떻게 행동하는지 지켜봐야 해요. 이 녀석의 행동 방식을 알고 강아지의 관점에서 실마리를 찾는다면, 이 강아지는 감사하는 마음을 보여줄 거예요.

Mostly

D

수다쟁이

온순하고 외향적인

이 녀석은 대화에 참여하지 않는 건 무례한 일이라고 생각해요. 가능한 한 여러 방법으로 자신을 표현해요. 그보다 더 좋아하는 일은 없죠. 당당하게 소리 높여 의견을 밝히는 이 강아지는 끊임없이 음악이 흘러나오는 주크박스이고 분주한 환경에서 생기를 얻어요. 자신감 넘치고 쉽게 흥분하는 이 녀석은 삶을 사랑하고 기쁨을 함께 나누고 싶어 해요. 당신의 강아지가 이런 유형이라면 언제라도 이 녀석의 기분을 바로 알 수 있어요. 이런 유형의 강아지는 마음을 읽기가 쉽고, 이 녀석은 당신의 관심을 끄는 데 아주 능숙해요. 가끔은 녀석의 끊임없는 재잘거림이 성가실 때도 있지만 놀이를 통해 두뇌를 활발하게 자극시키면 흥분을 가라앉힐 수 있어요. 일반적으로 허스키나 테리어 외에 작은 치와와도 이 유형에 속하며 이들은 가족의 중요한 일원이 되는 것을 좋아해요. 여러 난리 법석을 떨고 나서야 말을 듣게 만들 수 있어요. 이럴 때 강하지만 부드러운 어조로 말하면 흥분을 가라앉힐 수 있죠.

이것은 강아지의 인생

당신이 키우는 강아지는 반복되는 일상을 어떻게 느낄까요?

사람과 마찬가지로 강아지도 한 마리 한 마리 모두 다른 강아지와 확연히 구별되는 독특한 성향과 특징적인 성격을 가진 고유한 존재예요. 품종이 성격에 영향을 미치긴 하지만 훨씬 더 많은 요인이 강아지의 독특한 성향에 영향을 미쳐요. 특히 생활 습관이 미치는 영향이 커요.

강아지의 일상과 생활 방식을 알게 되면 강아지에 대해 더 깊이 이해할 수 있어요. 규칙적인 생활을 좋아하는 강아지가 있는 반면 제멋대로 행동하기를 좋아하는 강아지도 있어요. 일상의 크고 작은 변화에 대한 강아지의 태도와 접근법을 관찰해 보면 강아지에 관한 어려운 수수께끼를 푸는 데 도움이 될 수 있어요. 다시 말해 강아지의 특성을 파악하고 나면 강아지가 아주 충만한 삶을 살도록 도울 수 있어요. 내성적인 강아지라면 분리 훈련을 실시해 스트레스가 많은 상황에 대비할 수 있고, 흥분을 아주 잘하는 강아지라면 마음을 달래는 법을 배워 흥분을 가라앉힐 수 있겠죠.

Q1. 할 수만 있다면 당신의 댕댕이는 하루의 대부분을 무엇을 하며 보낼까요?

A 놀고, 걷고, 가장 좋아하는 사람과 시간을 보낸다.

B 햇빛 속에서 꾸벅꾸벅 존다.

C 작고 아늑한 장소에 몸을 파묻고 있다.

D 움직이는 것이라면 뭐든 뒤쫓는다.

Q2. 당신의 댕댕이가 먹었던 가장 이상한 것은 무엇인가요?

A 풀, 풀을 야금야금 뜯어 먹는다.

B 케이크, 아침 커피 타임에 함께 나눠 먹는 걸 좋아한다.

C 가끔 의견을 어필하려고 자신의 응가를 먹는다.

D 냄새나는 양말이 천상의 음식인 줄 안다.

Q3. 현관에 뜻밖의 방문객이 나타났어요. 낯선 사람을 어떻게 맞이하나요?

A 새로운 사람을 만나는 것을 좋아해 아주 다정하게 대한다.

B 자기 일에 집중하고 있는 한 누가 오든 신경 쓰지 않는다.

C 순식간에 사납게 짖어대며 무시무시한 개로 돌변한다.

D 흥미를 느껴 함께 놀고 싶으면 자신의 존재로 자리를 빛나게 만든다.

Q4. 예기치 못한 일이 생겨 평소에 늘 머물던 집을 잠시 비워야 해요. 당신의 댕댕이는 어떻게 반응하나요?

A 집을 나서는 당신을 보고 시무룩해지지만 이내 장난스러운 강아지로 돌아온다.

B 자기만의 시간을 갖게 되어 좋아한다.

C 목청껏 짖으며 자신의 존재를 이웃에게 알릴 절호의 기회라고 생각한다.

D 당신이 집을 비워야 하는 것을 이해한다.

Q5. 당신의 댕댕이는 평소 어떤 모습인가요?

A 이 쾌활하고 명랑한 녀석은 즐거움과 사랑으로 충만하다.

B 꼬리 끝까지 침착하고 차분하다.

C 흥분과 불안 사이를 오가는데 이런 모습에는 혼돈이라는 단어가 딱 어울린다.

D 초연하고 고고하며 점잔 빼고 있다.

Q6. 모든 강아지가 두려워하는 동물병원 정기 검진일이에요. 이 날에 어떻게 행동하나요?

A 그다지 내켜하지는 않지만 당신이 옆에 있으면 괜찮다.

B 대수롭지 않게 여기며 다채로운 풍경을 즐긴다.

C 자제력을 잃고 안절부절못한다.

D 매우 애민해지며 다른 사람의 손길을 거부한다.

Q7. 일상 생활에서 당신의 댕댕이를 흥분하게 하는 것은 무엇인가요?

A 고음의 사이렌이 울리면 귀를 쫑긋거린다.

B 아무것도 없다. 자신의 털에 감싸여 항상 느긋하고 자신감에 차 있다.

C 당신이 보이지 않으면 사납게 짖으며 흥분한다.

D 사람이 많으면 가만히 있지 못한다.

Q8. 강아지와 함께 보내는 모든 순간을 사랑하겠지만, 그래도 하루 중 함께 있기 가장 좋은 때는 언제인가요?

A 함께 산책하는 것을 아주 좋아한다. 멋진 야외에서 함께 보내는 시간을 사랑하지 않을 수 있을까?

B 오후에 소파에서 꼭 껴안고 있을 때가 가장 행복한 시간이다.

C 밤에 몸을 말고 가끔은 당신을 베게 삼아 아기처럼 잘 때다.

D 노는 시간이 진정 제일 좋은 시간이다. 편안해진 강아지를 보며 당신도 함께 노는 재미에 빠진다.

Q9. 곧 다가올 연휴에 당신은 떠날 계획을 세웁니다. 강아지는 어떻게 할 건가요?

A 함께 데리고 간다. 탐험을 좋아해 무척 즐거워한다.

B 개집에 넣어 데려간다. 자기 집에서 여행을 만끽하라고.

C 연휴라고? 연휴가 다 뭐란 말인가? 강아지가 너무 불안해해서 다른 사람에게 맡길 수가 없다.

D 집에 있을 강아지를 돌봐줄 사람을 고용한다. 강아지는 자신의 공간에서 늘 하던 일을 한다.

결과

Mostly

A

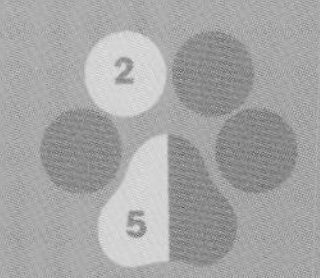

낙천주의자

온순하고 순응적인

이 활기찬 찰리는 항상 발걸음이 가벼워요. 하루의 모든 순간을 사랑하며 반복되는 하루 일과를 신나게 반기지만 새로운 경험을 하게 된다면 예상치 못한 일도 마다하지 않아요. 일상을 사는 것이 곧 삶이며 이런 일상에 완전히 빠져들어요. 킁킁거리며 모든 것의 냄새를 맡아요. 장미꽃부터 쓰레기가 가득한 휴지통까지 모든 것에서 코를 떼지 않을 거예요. 이 녀석의 코가 향하는 곳이면 어디든 모험이 펼쳐지지만 이로 인해 곤란한 상황에 처하기도 해요. 그래도 말썽을 피우는 강아지는 아니며 대게 비글이나 리트리버, 바셋 하운드처럼 느긋한 성격의 강아지에서 이런 유형이 많아요. 이런 성격에 깜박 속아 넘어가서는 안 돼요. 이런 강아지는 보통 활동량이 많아 규칙적인 운동과 놀이가 필수거든요. 산책을 몹시 좋아해 매일 정확한 시간에 산책하기를 기다려요. 그러니 어서 외투를 걸치고 밖에 나가 한바탕 뛰어놀 준비를 하세요!

멋쟁이

온순하고 외향적인

이 한가하고 평온한 강아지는 혼자 노는 것을 좋아해요. 그렇다고 뛰놀거나 재미있는 일에 관심이 없는 건 아니지만 혼자만의 재미에 더 큰 행복을 느낀답니다. 털은 항상 완벽하게 정돈되어 있어요. 외부 자극, 주인의 안심되는 말이나 행동이 다른 강아지에게는 중요할지 몰라도 이 녀석에게는 모든 것이 대수롭지 않아요. 새로운 상황을 파악하는 동시에 자신을 위한 휴식 시간을 소중히 여기고, 달콤한 낮잠의 위력도 알고 있는 이 녀석은 선을 지켜요. 함께 앉아 환담을 나눌 명상 파트너나 강아지 친구를 찾고 있다면 이 녀석이 적격이에요. 대체로 온건한 프렌치 불독이나 아름다운 비숑 프리제가 이러 유형에 속하며, 어떤 종이든 간에 이런 유형은 분주히 움직이는 활동적인 스타일은 아니에요. 만족스럽게 앉거나 서서 당신 곁을 어슬렁거리기는 하지만 뛰거나 숨거나 꼬리를 흔들며 흥분하는 일은 없을 거예요.

겁쟁이

내성적이고 순응적인

여러가지 일을 한꺼번에 고민하는 유형이에요. 지나친 상상력과 불안한 성향으로 예민한 이 녀석은 자기만의 스타일이 있어요. 바로 지나치게 흥분하는 것이에요. 단단한 껍데기 밖으로 나오게 하려면 아주 부드럽게 달래주어야 하고, 일단 껍데기를 깨고 나오면 주인에게 꼭 달라붙어 평생 동안 지속될 유대감을 형성해요. 이 녀석은 당신의 모든 말을 소중히 여기며 당신에겐 범죄 파트너가 생기게 될 거예요. 바로 이 녀석이 당신 옆을 떠나는 법이 거의 없기 때문이죠. 몇몇 기발한 훈련 기법으로 둘 사이에 약간의 거리를 만드는 것이 좋아요. 당신이 이따금 집을 비우는 것에 익숙해지고 나면 자신감을 갖고 일상의 다른 변화에 의연하게 대처할 수 있을 거예요. 이런 훈련은 규칙적으로 자주 반복하는 것이 효과적이며 놀이 역시 긴장을 해소하는 데 도움이 되기 때문에 중요해요. 낯선 사람이나 다른 강아지와의 놀이 약속은 아무런 소용이 없어요. 하도 예민해서 운이 좋은 단 한 사람만을 원하거든요. 바로 당신이에요. 쉽게 흥분하기도 하지만 이 녀석은 털에 싸인 한 뭉치의 사랑꾼이에요. 더 바랄 게 있을까요?

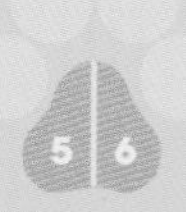

삐쟁이

순응적이고 독립적인

감정 변화가 심해서 기분을 어떻게 맞춰줘야 할지 난감할 수 있어요. 날아오를 듯 달리다가도 어느새 토라져 몸을 동그랗게 말고 있지요. 당신을 긴장시키려는 게 아니라 겉으로는 강인해 보여도 내면은 아주 여리기 때문에 그래요. 대체로 인상적인 외모에 표정이 매우 풍부한데 자신의 생각과 감정을 적극적으로 표현하려고 하며 의사 표시를 매우 분명히 하니 주의를 기울여 들어줘야 해요. 당신과 관련된 일이나 자신이 아끼는 물건을 보호하려는 경향이 있으며 낯선 사람이나 소란스러운 일을 좋아하지 않아요. 또 신기하게도 동물병원에 가는 걸 본능적으로 알아차리기도 해요. 이런 특성을 지닌 종에는 허스키, 잭 러셀, 아키타 등이 있는데 이들의 도전적이고 맹렬한 기질은 모두 과시용이에요. 마음 속 깊은 곳에서 이 녀석들이 바라는 기쁨은 그저 묵묵히 자신의 일을 하고 가족과 함께 즐거운 시간을 보내는 거예요. 자신들의 바람을 방해하는 모든 것은 분명 하루를 망치게 할 뿐이죠.

강아지의 외모 관리

당신이 키우는 강아지에게는 어떤 독특한 스타일이 있나요?

수천 년 동안 사람이 강아지를 길러왔다는 사실은 전혀 놀랄 일이 아니에요. 강아지는 사람의 가장 친한 친구 그 이상이죠. 영리한 강아지에게는 사람이 필적할 수 없는 기술과 재능이 있어서 우리 조상들은 이를 활용하면서 다양한 크기의 강아지와 달리는 속도가 제각각인 강아지를 사육했어요. 일부 견종의 경우, 가령 로트와일러라고 치면, 키와 신체적 탁월함이 중요한 특징이죠. 집을 지키게끔 특별히 훈련받은 마스티프나 기민한 저먼 셰퍼드와 같이 천성적으로 방어적인 강아지도 있어요. 반면 날렵하고 재빠른 그레이하운드 같은 강아지는 사람의 뛰어난 사냥 파트너가 되었는데 호기심 많은 성향이 이런 특성을 뒷받침해주죠. 시간이 흘러 사육 과정이 더 정교해지면서 작은 변화로 약 200여 종의 서로 다른 종이 생겨났어요. 온갖 형태와 크기의 강아지가 탄생한 건 놀랄 일이 아니에요!

원하는 강아지가 잘생긴 사냥개든 잘난 척하는 강아지든 용맹한 강아지든 상관없이 당신은 자신과 잘 어울리는 강아지를 찾게 되겠지만 견종의 차이점도 알아두는 것이 좋아요. 체형에서 미적인 부분까지 다양하고, 관심과 보살핌을 받고 싶어하는 강아지가 있는 반면 천성에 따라 혼자 생활하는 걸 더 좋아하는 강아지도 있어요. 당신의 강아지가 어떤 스타일에 더 마음이 흔들리든, 좀 더 자세히 살펴보면 드러나는 것 이면에 놓인 훨씬 더 많은 사실을 알게 될 거예요.

Q1. 당신의 댕댕이를 몇 마디 단어로 요약한다면 뭐라고 말할 수 있을까요?

A 크고 대담하며 아름다운 강아지

B 수줍은 귀염둥이

C 제멋대로에 자유분방한 말썽쟁이

D 우아하고 자신감 넘치는 프리마 발레리나

Q2. 성대한 강아지 파티를 열어주거나 자연 속을 뛰놀게 해주는 등 강아지의 생일을 축하하는 데는 여러 방법이 있어요. 당신의 댕댕이는 어느 것을 좋아하나요?

A 들판에서 다른 친구들과 뛰어놀기

B 한껏 차려입고 사진 찍기

C 긴 산책을 하며 진창에서 뒹굴기

D 주인에게 응석을 부리며 바싹 붙어 앉아 강아지 케이크 먹기

Q3. 당신의 댕댕이는 어떻게 몸단장을 하나요?

A 얼른 붙잡아 재빨리 씻길 수 있을 때 목욕을 시킨다.

B 강아지 미용실의 일등 손님이다.

C 털어낸 흙과 연못에 빠진 털이 야생적인 매력을 더욱 두드러지게 한다.

D 매주 규칙적으로 목욕하고 빗질한다. 몸단장을 좋아한다.

Q4. 사람들은 대부분 주인과 강아지가 서로 닮았다고 말하는데, 당신이 강아지와 어울리도록 보조를 맞추려면 무엇을 해야 할까요?

A 오래된 코트를 아무렇게나 걸치고 함께 놀러 밖으로 나가면 된다.

B 항상 커플룩을 입는다.

C 헝클어진 머리로 침대 밖을 나온 순간 이미 모든 준비가 끝났다.

D 사람의 보조적인 역할을 하기에는 강아지가 너무 멋지다.

Q5. 우아한 페키니즈는 다른 강아지의 배설물을 거들떠보지도 않지만, 흥미로운 것을 좋아하는 녀석은 그 안에서 뒹굴기도 하죠. 당신의 댕댕이는 흠잡을 데 없이 깨끗한가요, 아니면 상당히 지저분한가요?

A 집 밖을 나설 때면 항상 자신의 영역을 표시한다.

B 애지중지 자란 예쁜 공주다.

C 오물, 먼지, 꾀죄죄함과 함께 지저분함은 이 녀석의 트레이드마크다.

D 이 새침데기 강아지는 더할 나위 없이 깨끗하고 말끔하다.

Q6. 멋지게 으스대며 활보하는 것이 어떤 강아지에게는 간단하고 자연스럽습니다. 그렇다면 당신의 댕댕이는 어떻게 으스대며 걷나요?

A 절도 있는 강아지처럼 기운차게 걷는다.

B 핸드백 속에 쏙 들어가든, 무릎 위에 앉든, 안락한 자세로 이동하는 것을 좋아한다.

C 서툴게 허둥대며 걷는 게 앞으로 나아가는 유일한 방식이다.

D 말 그대로 공중에서 활공하듯 걷는다.

Q7. 당신은 강아지와 다정한 포옹을 나누고 있어요. 이 포옹은 달콤한 향이 나는 좋은 꿈인가요, 아니면 냄새가 코를 찌르는 악몽인가요?

A 온통 강아지 냄새뿐이지만 신경 쓰지 않는다.

B 몸단장을 하고 한껏 꾸며 조향사가 바라는 꿈의 향기가 난다.

C 거칠고 멋진 강아지답게 흙냄새가 풍긴다.

D 아무 냄새도 나지 않지만 활기차고 신선한 기운이 느껴진다.

Q8. 강아지에게 해시태그를 단다면 다음 중 어느 것이 어울릴까요?

A #엄청난까불이

B #강아지디바

C #마음은늑대

D #미모의강아지

Q9. 폭우를 만났을 때 당신의 댕댕이는 어떻게 하나요?

A 비를 약간 맞는 것은 상관없지만 소나기는 좋아하지 않는다.

B 제자리에 주저앉는다. 누가 냄새나게 홀딱 비에 젖고 싶겠는가?

C 비를 아주 좋아해서 신이 나 뛰어다닌다.

D 우아하게 견뎌낸다.

결과

쇼맨

온순하고 외향적인

멋을 아는 녀석으로 노력하지 않고도 성공하는 법을 알고 있어요. 일반적으로 강아지 하면 떠오르는 게 바로 이 녀석이지요! 특별한 노력을 하지 않아도 강아지의 눈망울과 멈출 줄 모르고 휙휙대며 공중을 가르는 꼬리 소리가 이미 이 강아지의 모든 매력을 보여줘요. 이런 열성적인 태도에는 전염성이 있어 당신과 주변 사람 모두가 이 강아지의 마법에 빠져들지요. 지배적 성향이 있어서가 아니라 그저 강아지다운 행동을 하기 때문이에요. 이 녀석에게는 눈에 보이는 것보다 몸으로 느끼는 감각이 더 중요해요. 대부분 운동이나 사냥을 하는 종이거나, 혹은 대담한 생각을 품은 작은 몸집의 강아지일 수 있어요. 이런 특성의 강아지는 진부한 일에는 시큰둥한 반응을 보이지만 흥미를 느끼는 일에는 과감하고 용감하게 뛰어들어요.
몸단장을 하거나 털을 깨끗하게 유지할 생각은 하지 않는 게 좋아요. 달리고 또 달릴 준비를 해야 해요. 이 녀석은 옆에 당신이 있는 것을 좋아하며, 당신은 곧 운동과 여러 소동이 이 녀석을 진정으로 빛나게 한다는 것을 알게 될 거예요.

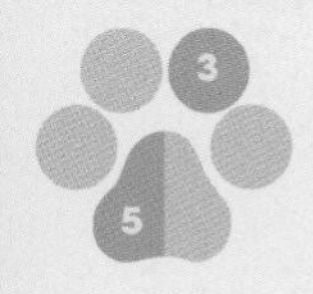

Mostly
B

모델

외향적이고 순응적인

소녀 같은 유형으로 말 그대로 진짜 공주예요. 강아지가 최고라는 것을 잘 알고 있죠. 말할 필요도 없죠! 무늬가 있는 벨벳 안락의자에 예쁘게 앉아 있든, 명품 핸드백 속에 쏙 자리를 잡고 있든, 이 녀석은 모든 행동을 멋진 자세로 소화해요. 아름다운 모습을 포기하기에는 인생은 너무 짧으니까요. 당신이 이 녀석의 외모에 시간과 관심을 쏟는 것을 아주 기쁘게 받아들이죠. 다른 강아지도 저마다의 장점과 재능이 있지만, 이 우아한 강아지는 무엇보다 자세가 전부라는 것을 잘 알고 있어요. 보통 토이 품종에 이런 유형이 많아서 몸집이 작고 때로 까탈스럽기도 해요. 강아지를 가방에서 꺼내 바닥에 내려놓고 흥미를 느끼는 게임을 시도해 보는 것도 좋아요. 장난감 속에 간식을 숨겨 내면의 사냥꾼이 모습을 드러내는 것을 지켜보는 것이죠. 작은 몸집에 비해 배포가 큰 이 강아지는 아주 큰 포부를 드러내죠. 왜 두 번째에 만족해야 하나요? 당신에 대해서도 마찬가지예요. 이 강아지에게 사람 친구는 언제나 당신이 1순위예요.

Mostly

C

야생마

지배적이고 온순한

이 녀석은 야생의 멋진 모습으로 달려요. 대자연을 사랑하는 자유로운 영혼을 가진 이 야생마는 확 트인 길의 매력을 잘 알고 있어요. 넘치는 기지와 부랑아적 매력을 활용해 혼자서도 잘 살아갈 수 있을 것만 같아요. 당신은 금방 이 꾀죄죄한 녀석에게 매력이 있다는 것을 알게 될 거예요. 어쨌든 여느 강아지처럼 소시지 간식을 주며 반기지 않아도 되는 데는 다소 매력적인 면이 있죠. 함께 모험에 뛰어든다면 분명 호의적으로 행동하겠지만 공원을 산책할 생각이라면 긴 끈은 접어두세요. 이 강아지와 함께 달리는 것은 늑대와 함께 달리는 것과 마찬가지예요. 천천히 훈련에 적응시키며 장난감이나 시선을 끌 만한 물건은 치워 두고 거리를 제한해 보세요. 하루를 마칠 때쯤이면 산책은 길들일 수 있을지 모르지만 이 녀석의 털도 그럴 것이라 기대해서는 안 돼요. 거칠거칠한 털이 완전히 제멋대로 엉켜 있을 테니 말이에요!

2

6

Mostly

D

톱배우

온순하고 독립적인

멋진 자세와 세련된 외모를 가진 녀석으로 프리마 발레리나의 우아함을 갖추고 있어요. 슈퍼 모델처럼 공간을 부유하듯 걸으며 순식간에 사람들의 관심을 한 몸에 받지요. 이 매력적인 강아지는 거칠게 으르렁대지 않으며 우아한 몸짓과 단호한 시선으로 강인함을 드러내요. 처음에는 다소 수줍음을 탄다고 생각할지 모르지만 여기에 속아 넘어가서는 안 돼요. 요란하게 짖거나 부산스럽게 움직이지 않아도 이 녀석에게는 무시할 수 없는 존재감이 느껴져요. 여기에는 뇌리에 남는 우아하고 꺾이지 않는 조용한 힘이 있어요. 또한 훈련에도 잘 적응해요. 평범한 일상과 규칙적인 훈련 시간을 좋아하며, 이런 일과는 건강에 좋을 뿐 아니라 명석한 사고를 하는 데도 도움을 줘요. 대개 근육질의 날씬한 몸을 가진 이런 유형에는 보통 이탈리안 그레이하운드나 살루키 등이 있어요. 몸을 말끔하고 날씬하게 유지시킨다면 이 강아지는 일상에서 당신과 잘 조화를 이룰 거예요.

영리한 강아지와 훈련이 필요한 강아지

당신이 키우는 강아지는 명령에 어떻게 반응하나요?

훈련은 강아지와 유대감을 형성하는 가장 좋은 방법 중 하나예요. 서로를 진정으로 알고 소통하는 법을 배우는 둘만의 시간이죠. 또 누가 명령을 내리는지 혹은 명령을 내린다고 생각하는지도 알 수 있어요. 훈련을 통해 강아지는 여러 단계에서 다양한 도전을 해볼 수 있어요. 여러 상황에 대응하는 법을 배우며 당신의 목소리에도 익숙해지게 되지요.

강아지의 지능은 품종에 따라서도 차이가 나요. 일부 종은 다른 강아지보다 훈련에 더 몰두하기도 해요. 특정한 목적이 있는, 임무를 맡은 강아지는 활기를 띄지요. 특히 보더 콜리는 모험을 즐기고 하운드는 명령을 따르기보다 자신의 코가 느끼는 감각에 따라 행동해요. 호기심 많은 천성은 똑똑하지만 냄새로 자신만의 재미를 찾아내는 데 더 흥미를 느낀다는 점을 말해주지요. 이런 강아지에게는 모든 힘든 노력에는 그만한 가치가 있다는 것을 알려줘야 해요. 따라서 주머니 가득 간식을 챙기는 일은 필수예요. 또 명령을 따르지 않는 강아지와 명령을 따르려고 하지 않는 강아지가 있어요. 다시 말해, 할 수는 있지만 명령을 듣는 것을 좋아하지 않는 강아지와 명령을 하려면 약간의 동기 부여를 해줘야 하는 강아지가 있어요.

훈련은 당신의 스패니얼의 발걸음에 활기를 더할 수 있으며 균형 잡힌 관계를 보장하기도 해요. 명령을 따르는 방식을 보면서 각 강아지의 장점에 맞춰 강아지에게서 최고의 반응을 이끌어내는 법을 배워볼 수 있어요.

Q1. 이제 솔직해질 시간이에요. 당신의 댕댕이는 훈련 시간에 어떻게 행동하나요?

A 당신과 강아지는 아주 잘 맞는 한 쌍이라 훈련은 유대감을 강화시키는 시간이다.

B 우선 강아지를 잡아야 한다. 이 녀석은 자기 마음대로 혹은 쉬운 방법으로 훈련하고 싶어 한다.

C 항상 계획대로 진행되진 않지만 흥분을 잘하는 이 녀석은 신이 나 덥석 받아들인다.

D 한마디로 '안 돼'의 연속이다. 훈련 따위는 결코 받지 않는다.

Q2. 당신은 강아지에게 다정하게 말하며 강아지가 말을 얼마나 잘 듣는지 사람들에게 보여주려 합니다. 당신이 "앉아"라고 말하면 다음 중 어떤 행동을 보이나요?

A 바로 완벽히 제자리에 앉는다.

B 하마터면 당신이 뒤로 넘어질 정도로 다리 위로 번쩍 뛰어 오른다.

C 엉덩이를 살짝 누르면서 세 번 정도 명령을 해야 겨우 앉는 자세를 취한다.

D 마치 에베레스트 산을 오르라고 말하기라도 한 듯이 당신을 쳐다본다.

Q3. 당신의 댕댕이는 꾀를 내는 데 선수인가요, 아니면 배를 보여주며 드러눕는 게 유일한 특기인가요?

A 작은 제스처에도 기뻐하며 춤을 추고 껑충껑충 뛰어다닌니다.

B 명령을 요리조리 빠져나가는 데 선수다.

C 털어낸 흙과 연못에 빠진 털이 야생적인 매력을 더욱 두드러지게 한다.

D '하나도 재미없어'라는 표정을 완벽하게 연기한다.

Q4. 강아지와 함께 여유롭게 거닐며 산책 중이에요. 그런데 갑자기 다른 사람을 보고 강아지가 으르렁대기 시작해요. 그 다음 어떤 일이 벌어질까요?

A 그만하라고 말하면 순순히 명령에 따른다.

B 계속 으르렁거려서 하지 못하도록 물리적으로 제재해야 한다.

C 강아지를 쓰다듬어서 진정시켜야 한다.

D 으르렁대는 걸 멈추지만 토라진다.

Q5. 당신은 슬리퍼를 신어야 하고, 강아지는 슬리퍼를 물어뜯고 싶어 해요. 이럴 경우 누가 슬리퍼를 차지하나요?

A 한 팀으로 움직인다. 슬리퍼를 신고서 강아지에게 발을 내어준다.

B 아마도 새 슬리퍼를 사겠지만 또 신지 못하게 될 것이다.

C 이 게임에는 승자도 패자도 없으며 오직 한 쪽이 포기할 때까지 계속 밀고 당길 뿐이다.

D 강아지가 가져가 물어뜯는다.

Q6. 당신은 홈트레이닝을 할 결심을 하고 정원에서 원을 그리며 운동하고 있어요. 이때 당신의 댕댕이는 어떻게 하나요?

A 당신에게 합류해서 함께 꼬리를 열렬히 흔들며 운동을 한다. 이런 강아지를 어떻게 사랑하지 않을 수 있을까?

B 정원 흙을 파내는 데 더 흥미를 보인다.

C 옆에서 함께 달리면서 짖으며 격려한다.

D 이 시간은 낮잠 자는 시간이다.

Q7. 이름을 부르면 당신의 댕댕이는 어떻게 반응하나요?

A 이미 옆에 와 있어 부를 필요가 없다.

B 반대 방향으로 달아난다.

C 매우 흥분하며 당신 목소리를 듣고 펄쩍펄쩍 뛴다.

D '응, 왜?'라는 표정으로 쳐다본다.

Q8. 강아지가 앞서 걸으며 산책 중이에요. 강아지가 당신이 이끄는 길과는 다른 방향으로 가고 싶어 해요. 이 경우 누가 이기나요?

A 당신이다. 부드럽게 설득하면 당신이 가는 곳은 어디든 따라 나선다.

B 벌써 반대 방향으로 힘차게 발을 내딛고 있다.

C 요란하게 짖고, 으르렁대고, 꼬리를 흔들며 활발히 주장을 펼치지만 결국엔 당신 뜻대로 하게 내버려둔다.

D 익숙한 길로 가기 위해 바닥에 주저앉는다. 당신이 안아서 이동할 때까지 꼼짝도 않는다.

Q9. 강아지를 훈련시키려면 격려와 반복, 보상을 균형 맞춰 적절히 해줘야 해요. 모든 강아지에게 언제나 효과를 발휘하는 훈련 방법은 없어요. 당신의 댕댕이는 어떤 훈련 방식을 좋아하나요?

A 모든 훈련을 좋아한다. 배우는 것을 무척 좋아하며 언제든 몸을 움직일 준비가 되어 있다.

B 훈련 시간을 크게 반기지 않아 가끔씩 가벼운 훈련만 겨우 한다.

C 운동은 바로 간식을 먹는 시간이라 맛있는 간식을 조금씩 주며 움직이게 한다.

D 자리를 박차고 일어나게 하는 당신이 있어야만 훈련을 하려고 한다.

결과

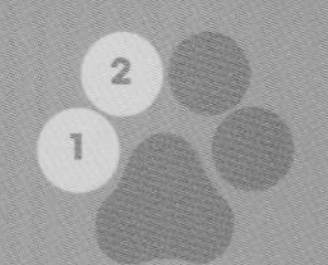

올림픽 선수

지배적이고 온순한

영민하고 발걸음이 민첩한 활발한 유형이에요. 촉촉히 젖은 코와 언제나 흔들고 있는 꼬리가 특징이며 팔방미인이에요. 당신만큼 도전을 즐기니 실망시키는 일은 결코 없을 거예요. 녀석의 두뇌는 자극이 필요하고 팔다리는 뛰고 싶어 해요. 단순한 문제도 이 녀석에게는 큰 감동을 주는 일이 돼요. 꾸물대다 기회를 놓치는 법이 없으며 출발 신호를 보내기도 전에 벌써 저만치 앞서 나가 있어요. 간식을 위해 경사로에서 물건을 물어오는 게임에서 새롭고 흥미로운 산책길을 찾는 것까지 함께 즐길 만한 놀이를 찾아보는 게 좋아요. 주인의 쓰다듬는 손길을 순순히 받아들일 때쯤 되면 이제 충분히 놀았다는 뜻이에요. 이런 유형의 강아지들은 직업이 있거나 사냥을 해 민첩해요. 당신 눈에는 이 강아지가 항상 금메달 수상자로 보일 거예요.

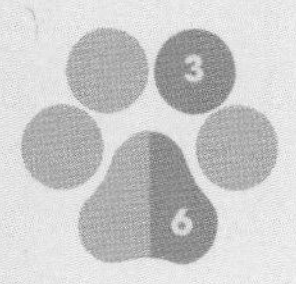

반항아

외향적이고 독립적인

훈련이라고요? 그게 뭔가요? 훈련을 거부하는 것은 게을러서가 아니에요—그런 문제가 아니에요! 이 녀석은 매우 예민하며 움직이고 싶어 몸이 근질거리지만 정반대로 행동해요. 복종이란 말은 잊으세요. 말을 듣게 하는 유일한 방법은 원하는 것을 해 줄 때뿐이에요. 천성적으로 버릇없는 강아지라고 생각할지 모르지만 이 녀석이 곤경에 처하는 건 바로 자유를 사랑하는 마음 때문이에요. 꾀가 많아 많은 이득을 얻지만 변덕스러운 면을 길들이는 몇 가지 훈련에 성공한다면 당신과 강아지 모두 좀 더 나은 기분을 느낄 수 있을 거예요. 조용하지만 단호하게 명령을 내린 뒤 요란한 칭찬과 가장 좋아하는 간식으로 보상해 주세요. 모든 강아지와 마찬가지로 이 반항적인 강아지도 당신보다 한 발 앞서는 것을 좋아하는 만큼 관심받는 것도 좋아해요. 친절함으로 무장하고 훈련한다면 다정한 면이 빛나는 것을 보게 될 거예요. 일보 진전 이보 후퇴일 수도 있으나 천천히, 꾸준히 훈련하다 보면 결실을 맺을 수 있을 거예요. 이것이 당신 둘 모두가 우승자가 되는 길이에요.

재간둥이

온순하고 순응적인

무리의 우두머리는 아닐지 모르지만 이 녀석은 날쌔고 용맹하면서도 강아지다운 재간을 부려요. 귀엽고, 꼭 껴안고 싶고, 아주 재미있어요. 훈련이 끝날 때쯤 골머리를 앓기도 하지만 당신도 한바탕 장난치고 웃으며 시간을 보내게 되지요. 나름대로 최선을 다하려 하지만 반복되는 훈련에 금세 흥미를 잃어요. 이 녀석에게는 인내심을 발휘할 필요가 있죠. 다행히도 일단 무언가를 완벽하게 습득하고 나면 결코 잃어버리는 법이 없어요. 이 귀여운 강아지는 당신을 행복하게 만드는 것을 무척 좋아하며 그것이 삶의 주된 동기예요. 그렇지만 무언가 더 흥미롭고 코를 킁킁거릴 만한 것에 마음을 빼앗긴다면 조심해야 해요. 옆집에서 풍기는 고기 냄새나 길 위에서 마주치는 고양이는 항상 당신 발 밑에서 잠자코 기다리는 일보다 우선순위가 될 테니까요.

Mostly

D

저항자

지배적이고 독립적인

운동할 기미만 보여도 뒤로 안 돌아보고 달아나버릴 것 같은 강아지를 찾는다면 고민할 필요 없이 바로 이 녀석이에요. 이 녀석에게 장난감 공은 남아나질 않을 거예요. 이 녀석은 한쪽 구석에 앉아 혼자 으르렁대며 노는 녀석이에요. 그렇다고 공격적이라는 뜻은 아니에요. 목줄을 하는 건 발톱을 다듬는 일만큼이나 화가 나는 일이죠. 이 녀석은 표정으로 자신이 즐겁지 않다는 걸 말해줘요. 이러한 표정을 보고도 당신이 무시한다면 단단히 삐지는 것을 각오해야 해요. 이때는 바닥에 드러누워 꼼짝도 하지 않고 시위를 해요. 혹은 어딘가 다른 곳으로 달아날지도 몰라요. 이런 반항적인 행동을 길들이고 싶다면, 일을 잠시 접어 둬야 할 거예요. 화를 내는 것에서 애교를 부리는 것까지 이 녀석은 운동을 안 하려고 모든 방법을 총동원할 테니까요. 이 녀석이 흥미를 보이는 게임과 생각할 만한 활동을 연결해 보는 게 좋아요. 강아지 퍼즐에 홀딱 빠지거나 단순한 숨바꼭질에도 완전히 주의를 빼앗기게 될 거예요.

강아지가 사랑하는 놀이

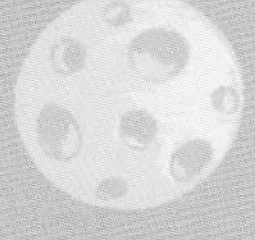

당신이 키우는 강아지는 어떻게 노는 걸 좋아하나요?

모든 강아지에게는 운동과 놀이 시간이 필요하지만 활동량과 놀이의 종류는 품종에 따라 크게 달라요. 비즐라는 근육질의 단단한 몸으로 장거리 하이킹을 즐기는 반면, 다리가 짧은 강아지는 험한 지역을 걷는 데 고군분투할 수 있어요. 빠르게 달리는 강아지를 찾는다면 길고 우아한 팔다리를 가진 그레이하운드에 관심을 가질 만해요. 그레이하운드는 시속 70킬로미터까지 달릴 수 있지만 매일 달릴 수 있다는 것만으로도 행복해할 거예요.

놀이는 일상에서 하는 운동의 한 방식이므로 놀이 방식은 강아지의 건강과 안녕에도 영향을 미쳐요. 주도적으로 행동하는 독립적인 강아지든 다른 강아지가 자신에게 다가오는 것을 더 좋아하는 게으른 녀석이든 모든 강아지는 각자의 방식으로 행동해요. 버릇없고 참을성 없는 강아지라면 추격전을 벌이기 위해 당신의 물건을 물고 갈지도 모르고, 내성적이고 소심한 녀석이라면 뒤로 물러나 있거나 눈에 띄지 않는 곳에 숨어 있을 거예요. 당신의 강아지를 특별하게 만드는 요소는 여러가지지만 강아지의 활동량을 보면 강아지가 무엇을 좋아하며 좋아하는 놀이를 하면서 어떤 감정을 느끼는지 성격의 또다른 면모를 볼 수 있어요. 강아지의 속마음을 더 알고 싶다면 강아지의 놀이 방식과 걸음걸이를 살펴보세요.

Q1. 눈앞에 들판이 펼쳐져 있고 당신의 강아지는 목줄을 하고 있지 않습니다. 이때 당신의 댕댕이는 어떤 행동을 하나요?

A 맞은 편 끝에 다다르는 경주를 펼쳐야 한다고 생각해 전력으로 질주한다.

B 여기저기 살피며 껑충껑충 뛰고 조금 달려보기도 하지만 곧 흥미를 잃는다.

C 사냥감을 찾아 다닌다.

D 한가하게 당신과 나란히 걷는다.

Q2. 당신의 댕댕이가 좋아하는 게임은 무엇인가요?

A 원반이든 테니스 공이든 무엇이든 물고 오기

B 고기를 굽는 사이 소시지 슬쩍 훔치기

C 다람쥐 쫓기

D 슬리퍼 물고가 숨기기

Q3. 평범한 산책길이 끝나고 언덕이 많고 땅이 울퉁불퉁한 새로운 길로 멀리 돌아 집으로 가려고 해요. 당신의 댕댕이는 어떻게 행동하나요?

A 유격 훈련장이라도 되는 양 여기저기를 살피며 당신 주변을 서성거린다.

B 처음에는 흥분하지만 이내 싫증을 낸다.

C 모든 새로운 소리와 냄새에 주의를 빼앗긴다.

D 그다지 신경 쓰지 않으며 계속 멈춰 서서 쉰다.

Q4. 흥미로운 놀이를 찾아다닐 때 당신의 댕댕이는 어떤 기지를 발휘하나요?

A 세탁기 전선에서 TV 리모콘까지 모든 대상이 만만하다.

B 버리는 장난감이 있다면 그 용도를 찾아낸다.

C 곤충들은 조심해야 한다. 움직이면 이 녀석이 덥석 낚아챌 것이다.

D 자신에게 재미있는 일이 생기는 것을 더 좋아한다.

Q5. 여러 강아지와 함께 달리게 될 경우 당신의 댕댕이는 어떻게 행동하나요?

A 무리의 선두에 나서며 항상 제일 앞에 있다.

B 다른 강아지를 따라가기는 하지만 무리 뒤에서 어슬렁거린다.

C 신나게 다른 강아지를 쫓아다니기 바쁘다.

D 함께 달리지 않으며 멀리 떨어져 지켜보는 것을 더 좋아한다.

Q6. 새로운 뼈다귀 장난감을 주면 당신의 댕댕이는 어떻게 반응하나요?

A 신이 나 기뻐하며 하루 종일 그것만 가지고 논다.

B 자연스럽게 먹으려고 한다.

C 움직이는 장난감이 아니면 흥미를 보이지 않는다.

D 이상한 물체 앞에서 뒤로 물러난다.

Q7. 놀이 시간에 낯선 사람이 놀이에 끼어들어도 괜찮나요?

A 놀이 시간은 마음껏 뛰노는 시간이며 뛰어놀 때는 아무도 없어도 된다.

B 사람이 많아질수록 간식도 많아지니 좋기만 하다.

C 술래잡기 놀이라면 괜찮다.

D 어림없다. 이 녀석은 일편단심형이다.

Q8. 강아지가 오후 햇살 아래 낮잠을 즐기고 있는데 나비 한 마리가 날아와 코에 앉았습니다. 다음 중 예상되는 일은 뭔가요?

A 빙글빙글 돌며 한바탕 숨바꼭질이 벌어진다.

B 간식을 줘 쫓아내줄 사람이 없는지 두리번거린다.

C 나비를 잡으려고 흥분해서 쫓아다닌다.

D 날개 달린 이상한 암살범을 피해 숨는다.

Q9. 깜박하고 주방에 간식 꾸러미를 놓고 나왔어요. 당신의 댕댕이는 어떻게 하나요?

A 힘차게 달려가 간식 꾸러미를 낚아챈다.

B 바닥에 지쳐 쓰러질 때까지 계속 펄쩍펄쩍 뛴다.

C 아무것도 안 한다. 움직이지 않는 한 간식에 아무런 흥미가 없다.

D 자리에 주저앉아 당신이 실수한 걸 알아채고 간식을 줄 때까지 끙끙거린다.

결과

Mostly

A

단거리 주자

지배적이고 온순한

제자리에, 준비, 출발! 이것은 단거리 달리기의 출발 신호예요. 강아지에게는 이것 말고 다른 응원은 필요 없어요. 일단 달리기 시작하면 뒤를 돌아보는 법이 없어요. 날렵하고 멋지고 힘차게, 마음 속으로 금메달을 그리며 달리죠. 거리가 멀다고 당황하지도 않아요. 이 녀석은 사실 도전을 즐겨요. 대체로 세터나 스패니얼 등 운동 신경이 뛰어난 품종이 여기 속해요. 달리고 싶은 욕구가 DNA의 일부이니 항상 많은 운동을 할 각오를 해야 해요. 당신이 잘 달린다면 이 녀석은 아주 훌륭한 코치가 될 거예요. 당신이 지쳐서 발을 내딛기조차 힘들어 하면 앞으로 나아가라고 박차를 가할 거예요. 안락의자에 느긋하게 늘어져 있는 건 싫어하겠지만 이 녀석에게도 휴식은 놀이만큼 중요해요. 얌전히 좋아하는 간식을 먹으며 쉬고 있으면 칭찬을 해줘서 한가로이 보낼 시간을 갖도록 해야 해요. 그러면 조용히 보내는 시간도 좋다는 것을 알게 될 거예요. 이런 녀석들은 오히려 당신 안에 있는 강아지의 잠재력을 끌어낼 거예요.

Mostly
B

순둥이

온순하고 순응적인

즐거운 소녀 타입으로 무리 속에서 빠르고 날렵하지는 않지만 힘찬 격려를 받으면 한번 시도해보려 할 거예요. 음식은 이 녀석을 움직이는 주된 원동력이에요. 가장 좋아하는 간식을 덤으로 주면서 놀이를 계속 이어나가 보세요. 우승자가 되는 일은 아마도 없을 테지만 마음 속에서 일등이기만 하면 그걸로 행복해요. 군침 도는 뼈다귀를 바라는 마음과 곧 먹게 될 거라는 기대감으로 몸을 일으켜 움직이죠. 코를 킁킁거리게 하는 맛있는 비스킷 간식 말고도 이 녀석을 움직이게 하는 게 있어요. 당신과 강아지, 단 둘이 할 수 있는 게임으로 관심을 돌리고 저칼로리의 간식을 조금씩 주면서 살이 찌지 않도록 움직이게 하는 거예요. 이 녀석은 당신이 출발선에 서도록 가만히 놔두지 않을 테지만 익살스러운 행동으로 당신을 웃게 만들 거예요. 특별할 임무를 맡은 작업견에서 양치기견, 애완용 강아지에 이르기까지 모든 품종의 강아지에서 이 유쾌한 성격의 녀석을 찾아볼 수 있어요.

Mostly

C

사냥꾼

외향적이고 독립적인

이 녀석의 마음을 움직이는 건 사냥감이에요. 경계 태세를 갖추고 자신의 의사를 당신에게 확실히 전할 준비를 하고 있죠. 이 녀석은 주의를 끄는 대상을 탐지해 빠르게 추격하는 사냥을 매우 좋아해요. 그렇다고 공격적인 건 아니에요. 추격전의 스릴은 즐기지만 경주에는 흥미가 없어요. 서두르지 않으며 무언가 흥미로운 게 생기면 금방 주의를 빼앗겨요. 민감한 감각은 레이더처럼 작동하며 민첩하고 종종 갑작스럽게 전력 질주를 하며 빠른 속도로 항상 목표 지점에 정확히 도달하죠. 승부욕과 대상을 재빨리 낚아채려는 투지가 이 녀석을 움직이게 하는 원동력이에요. 아프간 하운드와 같은 사냥개에게서 보통 이런 특징이 나타나지만 여러 교배종과 심지어 닥스훈트와 같은 소형 견종에서도 이런 기질을 찾아볼 수 있어요. 놀이 시간에는 새로운 환경에 데려가거나 새 장난감을 주며 변화를 시도해 이 녀석의 마음을 따뜻하게 달래 보는 것도 좋아요.

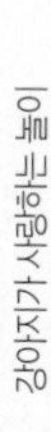

Mostly

D

관찰자

내성적이고 순응적인

조심스러운 소녀 타입으로 거리를 유지하는 것을 좋아해요. 다른 강아지들은 한바탕 신나게 달려 보지만 이 녀석은 평화로이 노니는 것을 더 좋아해요. 달리기라면 응원하는 쪽이지 직접 참가해 뛰는 것은 기대하지 않는 편이 좋아요. 그건 이 녀석이 감당하기에 너무 벅찬 일이에요. 어쨌든 이 녀석은 활동적인 성향이 아니에요. 가끔은 세상을 두렵다고 느끼고 일의 자초지종을 모두 속속들이 알 때까지 갈팡질팡하며 마음의 문을 닫아요. 다정하게 달래며 참여하도록 격려하고 함께 놀려는 작은 시도를 하면서 간식으로 보상해 주는 게 좋아요. 낯선 놀이나 사람에 익숙해지고 나면 비로소 내성적인 강아지의 다른 면모를 보게 될 거예요. 더 이상 뛰어가 숨지 않고 코를 킁킁거리며 주변을 맴돌 거예요. 심지어 한 걸음 더 나아가 관심을 보일지도 몰라요. 물론 펄쩍 펄쩍 뛰지는 않겠죠. 이 녀석에게 인생은 느긋하게 즐기는 거지 경주처럼 속도전을 펼치는 게 아니니까요.

강아지의 영향력

당신은 강아지와 어떤 관계를 맺고 있나요?

강아지는 동물의 왕국에서 공감 능력이 매우 뛰어난 종이에요. 사람의 감정을 쉽게 알아채고 아플 때도 금방 눈치채죠. 영리한 강아지들은 보디랭귀지와 얼굴 표정, 매우 뛰어난 후각으로 정보를 모아 분석해요. 강아지의 민감한 코는 호르몬이나 병으로 인한 냄새의 미묘한 변화를 감지해 당신이 언제 몸이 안 좋고 아픈지를 구별해 낸답니다. 이것은 당신이 강아지와 맺고 있는 특별한 유대감을 설명하는 데 큰 도움이 되겠죠. 그런데 강아지의 뇌에서는 이보다 훨씬 더 많은 일들이 일어나고 있어요!

사람을 기쁘게 하고 주인과 특별한 관계를 맺는 것은 강아지의 타고난 본능이에요. 이런 본능은 가령 도베르만과 저먼 셰퍼드 종에서 종종 나타나는 보호하고, 양육하고, 지키려는 성향의 특정 종에서 보이는 기질과 더불어 강아지가 당신을 이해하고 당신과 관계를 맺기 위해 많은 노력을 한다는 것을 말해줘요. 강아지는 주인을 따라 행동하는 것을 좋아해요. 또 위험을 감지해 당신에게 도움의 손길이 필요할 때를 본능적으로 알아차리죠. 강아지가 사람에게 최고의 친구인 것은 너무도 당연한 일이에요. 사람과 맺는 강한 유대감에 편안함을 느끼기 때문에 자신의 초롱초롱한 눈망울을 통해 자신이 느끼는 감정을 더 많이 보여주려고 해요. 강아지가 당신을 바라보는 방식으로 당신도 강아지를 본다면 이들의 관대한 사랑에 똑같이 보답할 방법을 더 많이 알게 될 거예요.

Q1. 당신이 몸이 좋지 않을 때 당신의 댕댕이는 어떻게 행동하나요?

A 당신의 고통은 곧 자신의 고통이라서 조용히 당신을 위로한다.

B 난리법석을 떨고 즐겁게 뛰놀면서 당신에게 활기를 불어넣는다.

C 당신 곁에서 함께 몸을 웅크리고 있는다.

D 경계하며 당신과 거리를 둔다.

Q2. 직장에서의 긴 하루를 마치고 마침내 집에 도착했어요. 당신이 현관문을 열고 들어올 때 당신의 댕댕이가 처음으로 하는 행동은 무엇인가요?

A 벌써 창밖으로 당신이 오는 것을 확인하고 기다리고 있다.

B 밥그릇 주변을 맴돌며 식사 시간임을 알린다.

C 거의 당신을 넘어뜨릴 기세로 문 앞에서 당신을 향해 뛰어오른다.

D '이제야 왔어요!'라는 듯 꼬리를 흔들며 짖는다.

Q3. **강아지는 다양한 방식으로 의사 표현을 하는데 당신에게 '사랑해'라고 말할 때의 행동은 무엇인가요?**

A 오랫동안 당신을 사랑스러운 시선으로 바라본다.

B 뛰어오르며 당신에게 코를 비빈다.

C 열성적으로 얼굴을 핥는 데 몰두한다.

D 몸을 비비고 당신에게 기대어 앉아 자신의 존재를 느끼게 한다.

Q4. **사람들은 종종 주인이 강아지를 닮아간다고 말해요. 당신과 강아지는 서로 얼마나 닮았나요?**

A 똑같이 닮았다. 우리는 완전히 서로가 '되었다'.

B 항상 똑같이 행동하지는 않지만 서로를 이해하고 있다.

C 당신이 앞장서면 항상 뒤따른다.

D 서로를 보완하고 보살핀다.

Q5. **밖에서 누군가 문을 두드리는 바람에 당신이 성급히 뛰어나가요. 이럴 때 당신의 댕댕이는 어떻게 하나요?**

A 가만히 있는다.

B 공기를 가르며 뛰쳐나가 짖기 시작한다.

C 끙끙거리며 안절부절못한다.

D 최고의 경비견으로 돌변해 공격적으로 짖어댄다.

Q6. 당신은 스트레스가 많은 하루를 보냈고 여전히 매우 긴장해 있어요. 당신의 댕댕이는 어떤 반응을 보이나요?

A 당신이 쓰다듬을 수 있도록 소파에서 당신 옆자리에 앉는다.

B 당신을 이끌고 산책길에 나선다. 산책은 강아지와 당신에게 모두 좋을 것이다!

C 이제 자기 차례라며 기운이 나도록 얼굴을 핥고 간질인다.

D 바싹 붙어 몸을 말고 걱정스러운 눈으로 바라본다.

Q7. 공원에서 당신이 오랜만에 친구들을 만났어요. 당신이 한눈을 파는 사이 강아지는 어떤 행동을 하나요?

A 별일 아니니 그냥 당신 뒤를 따라 걷는다.

B 이것을 기회 삼아 혼자 돌아다닌다.

C 말썽쟁이로 변해 떠들썩하게 짖는다.

D 당신 발 아래 바싹 붙어, 당신이 알기도 전에 먼저 친구들을 확인한다.

Q8. 길에서 낯선 사람이 부딪쳐 당신을 깜짝 놀라게 했어요. 당신의 댕댕이는 어떻게 하나요?

A 당신 발에 붙어 낮게 으르렁댄다.

B 목청껏 짖는다.

C 겁에 질려 어쩔 줄 모르며 끙끙댄다.

D 당신 앞에 나서서 이를 드러내며 으르렁거린다.

Q9. 당신은 굉장한 소식을 듣고 매우 흥분해 있어요. 당신의 댕댕이는 어떻게 하나요?

A 당신이 기뻐하는 걸 알고 꼬리를 마구 흔들며 장단을 맞춘다.

B 이 기회를 틈타 자신이 가장 좋아하는 장난감을 가지고 온다.

C 분위기는 알아차리지만 왠지 이런 변화에 안절부절못한다.

D '진정해'라고 말하듯 조용히 짖는다.

결과

Mostly

A

베스트 프렌드

온순하고 순응적인

민감하고 다정한 녀석이네요. 당신보다 먼저 당신의 생각을 아는 듯해요. 당신은 눈에 넣어도 아프지 않은 존재예요. 당신에 관한 모든 것을 아는 것이 이 녀석의 임무죠. 당신의 냄새를 주의 깊게 살피는 이 녀석의 관찰력은 타의 추종을 불허해요. 지나치게 보호하려 들거나 당신 곁에 바싹 붙지는 않지만 당신이 가는 곳이면 어디든 따라가며 상황을 파악하고 당신이 괜찮은지 확인하려 들 거예요. 이때 말은 필요 없어요! 보디랭귀지가 모든 것을 말해주며 당신과 강아지는 완벽하게 서로를 거울처럼 비춰요. 힘든 일을 겪으며 혼자만의 공간이 필요하든, 기대어 울 수 있는 어깨나 응원의 손길이 필요하든, 이 녀석은 당신에게 꼭 필요한 것으로 답할 거예요. 이런 관계는 일생에 한번 있을까 말까 한 기회이니 이런 유대감을 소중히 여기며 함께 멋진 추억을 많이 만들어 나가야 해요.

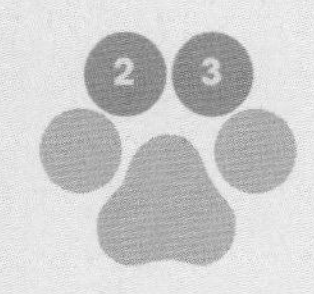

Mostly

B

털복숭이 대모

온순하고 외향적인

당신 기분이 안 좋다면 분명 당신의 기분을 북돋으려고 할 거예요. 마치 당신에게 가장 좋은 게 무엇인지 아는 듯하며, 이런 지혜를 당신이 미소 짓게 하는 방식으로 전하는 재주가 있어요. 당신의 기분이 가라앉아 있다면 집밖으로 데리고 나가 상쾌한 산책을 시킬 거예요. 어쨌든 이 녀석은 당신에게 좋은 것이 자신에게도 좋다는 것을 '알고 있죠'. 당신의 몸에 생긴 변화를 냄새로 알아내며 둘 모두에게 충분한 활력을 불어넣어요. 당신 인생의 치어리더를 찾고 있다면 이 녀석이 적격이에요. 옆에서 용기를 북돋고 일이 잘 되면 신이 나 기뻐할 거예요. 소란을 피우기도 하지만 이런 열광적인 반응에는 전염성이 있어서 때로는 당신의 기분을 업시키는 데 필요한 일이기도 해요. 당신을 항상 이해하는 것은 아니지만 이 녀석은 당신이 가장 흥미로워하는 게 무엇인지 항상 염두에 두고 있어요. 당신의 발걸음에 활기를 불어넣는 것이 이 녀석의 임무예요.

Mostly

C

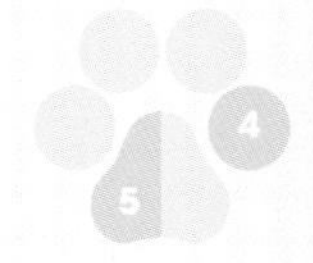

천사 강아지

내성적이고 순응적인

당신의 마음을 녹이는 귀여운 녀석이에요. 모든 일에 따르려고 주인만 바라보죠. 당신이 괜찮으면 이 녀석도 괜찮지만 당신이 허둥대면 자기도 어쩔 줄 몰라 해요. 여느 강아지와 마찬가지로 공감 능력이 뛰어나며 당신이 느끼는 감정을 정확히 알고 있어요. 위험은 감지하는데 당신을 보호하기 위해 온 힘을 다하는 대신 놀라기만 할 뿐이에요. 당신이 느끼는 고통을 알고 초조함에 꼬리를 축 늘어뜨리면서 아픔을 함께 느끼죠. 이 천사 강아지는 늘 안심시켜줘야 해요. 당신이 방을 나갈 때는 분리 불안을 느낄 수도 있어요. 훈련과 격려가 이 녀석에게 자신감을 심어주는 가장 중요한 요소예요. 침대와 좋아하는 물건을 모아 놓는 공간을 만들어서 매일 당신 없이도 혼자서 시간을 보내도록 유도해 보세요. 완전히 마음을 놓지는 못해도 그런대로 당신이 바로 옆에 없어도 그렇게 나쁘지 않다는 것을 알게 될 거예요. 말하자면 이런 유형은 아주 애정 어린 포옹을 할 줄 아는 사랑이 넘치는 강아지랍니다.

보디가드

지배적이고 독립적인

삶에서 자신이 맡은 역할을 진지하게 받아들이는 녀석이에요. 무슨 수를 써서라도 당신을 지키는 게 자신의 임무이며 그에 대한 보답으로 당신이 동료이자 최고의 사람 친구가 되어주면 돼요. 이 녀석에게 당신과의 관계는 하늘이 맺어준 인연이에요. 날카로운 관찰력과 더불어 공기 중의 미묘한 변화도 감지하는 능력을 타고나 경계를 소홀히 하는 법이 없어요. 충실하고 사랑스러운 이 보디가드는 도전에 물러서지 않으며 온 힘을 다해 당신을 안전하게 지키죠. 다른 강아지처럼 감상적인 면은 없지만 그렇다고 무신경한 건 아니에요. 다른 방식으로 자신의 관심을 나타내죠. 늘 변치 않고 든든하게 자기 자리를 지키는 이 녀석의 모습만으로도 당신의 기분은 즉시 밝고 가벼워질 거예요. 체격이 좋아 경비견으로 자라는 경우가 많지만 다정한 친구 역할도 잘해내죠. 애정 어린 마음과 유대감 넘치는 활동을 통해 이 녀석은 곧 서로를 보살피는 일이 상호적인 활동이라는 것을 알게 될 거예요.

집 밖으로 나온 강아지

당신이 키우는 강아지는 얼마나 모험심이 넘치나요?

강아지는 행동하는 존재예요. 끊임없이 움직이고 장난거리를 킁킁대고 매우 예민한 감각을 이용해 주변 세계와 소통해요. 두 개의 콧구멍을 각각 따로 사용해 입체적으로 냄새를 맡고 사람이 들을 수 있는 범위를 크게 넘어선 소리를 들어요. 새로운 모험을 찾아 떠나듯 자극이 될 만한 것을 늘 찾아다니죠. 정원 속을 뛰놀든 열정적으로 동네 공원을 산책하든, 항상 몇몇 예외는 있지만, 대부분의 강아지는 자연을 좋아해요. 바깥 세상에서 겪은 경험에 따라 밖에 있는 대상에 겁을 먹는 강아지들도 있어요. 만약 구조견이라면 평생의 집을 찾은 후에는 아예 집 밖을 나가지 않으려 하는 것도 이상하지 않을 거예요. 하지만 이런 강아지도 당신이 옆에서 응원하며 문밖에 놓인 세상을 즐길 수 있도록 용기를 북돋아줄 수 있어요.

탐험에 나설 때는 자신감이 제일 중요해요. 조심스러운 강아지는 안심이 될 만한 것을 찾는 반면, 호기심이 넘치는 강아지는 당신이 줄을 놓치는 순간 달아나버려요. 도로로 다니는 것을 좋아하는 강아지도 있으니 자동차도 조심해야 해요! 집을 나서면서부터 강아지가 하는 행동은 강아지가 얼마나 즉흥적이고, 외향적이며, 또 끊임없이 변하는 환경에서 얼마나 편안함을 느끼는지를 잘 보여줘요.

Q1. 강아지와 함께 산책을 마치고 돌아오는 길에 집이 보이기 시작해요. 당신의 댕댕이는 이때 어떻게 행동하나요?

A 주변을 살피며 냄새를 맡거나 뒤를 쫓을 만한, 밖에서의 모험을 계속 할 만한 대상이 없는지 열심히 찾는다.

B 좋아서 짖으며 당신의 다리에 몸을 비빈다.

C 반대 방향으로 줄을 잡아 당기며 달아나려고 한다.

D 전속력으로 달리며 당신을 문 앞까지 끌고 온다.

Q2. 목줄을 하고 나서 당신의 댕댕이는 어떻게 걷나요?

A 다른 방향으로 계속해서 벗어나려고 한다.

B 옆에 바싹 붙어 당신의 걸음과 완벽히 보조를 맞추며 걷는다.

C 빠르게 앞서 걸으며 당신을 끌고 다닌다.

D 마지못해 걷는다. 터벅터벅 걷는 걸 좋아한다.

Q3. 당신의 댕댕이가 가장 좋아하는 산책 코스는 어디인가요?

A 숲을 가로지르는 울퉁불퉁한 길

B 함께 즐기며 천천히 거니는 공원

C 멀리 빠르게 달릴 수 있는 확 트인 들판

D 집으로 이어지는 익숙한 거리

Q4. 잠깐 등을 돌리고 있을 때 당신의 댕댕이는 무엇을 할까요?

A 냄새를 맡을 만한 게 없는지 주변을 살핀다.

B 옆에 서서 자신을 알아차릴 때까지 기다린다.

C 달아나 자취를 감춰버린다.

D 이 기회를 틈타 즉시 바닥을 헤집는다.

Q5. 처음으로 강아지를 낯선 곳에 데려갔어요. 이럴 때 어떻게 행동하나요?

A 코를 실룩거리고 꼬리를 흔들며 매우 흥미로워한다.

B 처음에는 긴장하지만 몇 차례 달래고 나면 긴장을 풀기 시작한다.

C 주변을 살펴 환경에 익숙해지고 나서 움직인다.

D 큰 소리로 낑낑거리며 불만을 나타낸다.

Q6. 당신의 댕댕이가 외출하기 가장 좋아하는 곳은 어디인가요?

A 시골로 떠나는 여행

B 당신과 함께 느릿느릿 상점 주변을 걷는 것

C 해변에서 보내는 하루

D 강아지 간식을 먹게 될 것이라는 기대감에 부푼 동네 카페에서의 데이트

Q7. 당신의 댕댕이는 물에서 노는 것을 즐기나요, 아니면 육지를 사랑하나요?

A 물 속에 흥미로운 게 있다면 물에 뛰어든다.

B 육지를 몹시 좋아하며 물을 무서워한다.

C 날마다 하루 종일 물장난을 치고 싶어 한다.

D 당신이 부르면 물 속에 잠수해 몸을 숨길 것이다.

Q8. 함께 떠난 여행에서 당신이 낯선 사람과 대화를 나누고 있어요. 당신의 댕댕이는 어떻게 행동하나요?

A 새로운 친구를 사귄 것에 흥분해 다가가 냄새를 맡고 핥는다.

B 보호 본능이 깨어나 큰 소리로 짖는다.

C 뛰어놀 귀중한 시간을 빼앗는 데 불만을 품고 목줄을 잡아당긴다.

D 토라져 당신 뒤에 털썩 주저앉는다.

Q9. 먼 곳으로 떠나며 강아지를 차에 태워요. 당신의 댕댕이는 어떤 승객인가요?

A 머리를 창 밖으로 내밀고 꼬리를 흔든다. 이 차는 행복한 캠핑카다.

B 태아처럼 웅크리고 있다. 케이지 안에 들어가 꾹 참고 있는다.

C 서성거리며 끙끙댄다. 이동장에 갇혀 있기보다 밖에 나가고 싶어 한다.

D 아무것도 할 필요가 없는 한 지나가는 세상을 보는 게 좋기만 하다.

결과

Mostly

A

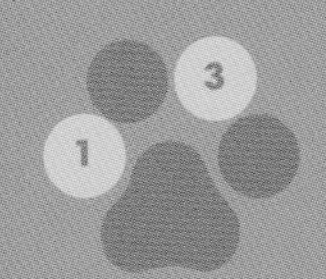

모험가

지배적이고 외향적인

인생은 롤러코스터고 이 녀석은 지금 너무 신이 나는군요! 하루의 모든 순간이 새로운 냄새와 소리, 맛있는 음식과 찾아낸 사료에 이르기까지 꼬리를 쉴 새 없이 흔들게 만드는 무한한 가능성으로 가득 차 있어요. 새로운 모험을 즐기는 이 녀석은 규칙을 깨야 하는 일이라면 기꺼이 그렇게 하지요. 덩치는 크지만 무서운 게 나타나면 크게 짖고, 지시를 받기는 하지만 자신의 방식대로 하는 것을 선호해요. 즉 새로운 환경에 데려가면 익살스러운 행동으로 당신을 기쁘게 해 호의에 보답할 거예요. 강한 탐구심과 뛰어난 후각을 지닌 이런 유형에는 포인터나 스패니얼이 있어요. 이런 견종이 아니더라도 모험가 기질의 강아지는 가만히 있는 법이 없어요. 다정하고 호기심이 많아 훈련을 늘려가며 최상의 기분을 맛보게 할 수 있어요. 매일 몇몇 과제를 던져주면 활기가 넘칠 거예요. 이 녀석은 무엇에든 적극적으로 뛰어드는 강아지예요.

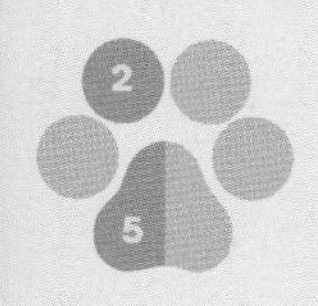

Mostly

B

산책가

온순하고 순응적인

활발한 야외 활동을 그다지 좋아하지 않는 얌전한 소녀 같아요. 야외 활동은 해도 그만 안 해도 그만이지만, 그렇다고 유머감각이 부족한 것은 아니에요. 당신이 있는 곳이 바로 이 녀석이 있는 곳이며 당신이 행복하면 이 녀석도 행복해요. 당신과 이 녀석의 관계는 시간과 신뢰를 바탕으로 쌓아온 것이며 당신과 함께 있는 것에 큰 안도감을 느껴요. 언제나 기뻐할 준비가 되어 있으며 상점에 가는 가벼운 산책에서 공원에서 하는 공 물어오기 게임까지 단순한 일에서 기쁨을 얻어요. 필요한 것은 모두 자신에게 있기 때문에 멀리서 헤맬 필요가 없죠. 멀리서 나는 냄새가 호기심을 자극하기도 하지만 이 녀석은 당신이 분명 한 발짝 거리에 있다는 것을 확실히 하기 위해 목줄을 하고 자신의 속도로 느긋하게 걷는 것을 더 좋아해요. 안전이 가장 중요한 요소예요. 만약 당신이 어떤 식으로든 위협을 느낀다면 이 녀석은 자신의 두려움은 한쪽 옆에 밀어두고 내면의 야수성을 드러내 보일 거예요. 모든 사람이 당신이 이 강아지의 주인이고, 이 강아지가 당신의 댕댕이라는 것을 알 수밖에 없어요.

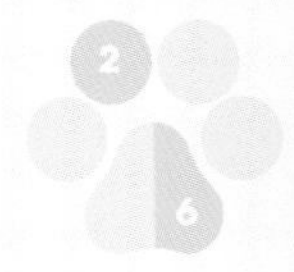

Mostly

C

도망자

온순하고 독립적인

달리고 또 달린 후, 다음 일은 나중에 생각하자. 이것이 이 녀석의 좌우명이에요. 대체로 세터나 살루카처럼 운동 신경이 좋은 강아지들에게서 이런 유형이 많아요. 이 녀석은 재기 넘치고, 민첩하며, 팔다리를 힘껏 뻗으며 달리는 것을 좋아해요. 탁 트인 길을 무서워하지 않아요. 실제로 공간이 넓으면 넓을수록 더 좋기만 하죠. 일단 자신의 속도로 달리기 시작하면 이 녀석을 멈추게 할 수 있는 건 아무것도 없어요. 데리고 나갈 계획이라면 운동화부터 신고 최상의 컨디션인지 확인하는 게 좋아요. 함께 보폭을 맞출 수는 없겠지만 적어도 눈앞에서 놓치지 않을 수는 있을 테니까요. 사방이 벽으로 막힌 곳은 이 녀석이 좋아하는 장소가 아니에요. 속도에 대한 욕구를 충족시켜 주려면 규칙적으로 길게 운동 시간을 가져야 해요. 달리는 속도가 떨어지고 지쳤다 생각되면 맛있는 간식과 당신이 곁에 있다는 데서 위안을 얻을 거예요.

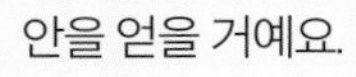

Mostly
D

나무늘보

지배적이고 온순한

이 녀석을 보면 게으르다고 생각할 수 있어요. 제대로 봤어요! 자기 침대와 당신의 침대, 이 녀석의 몸에 맞춰 푹 꺼진 부드러운 표면의 모든 물건과 포근한 소파 모두 이 녀석의 가장 친한 친구예요. 모험에 관해서라면 무슨 일이 벌어지고 있는지 관심 없어요. 오히려 소란이 벌어져 당신이 꼭 안아주게 된다면 자기 운명에 더 없이 만족해하겠죠. 다시 말해 마지못해 참여하기는 하지만 기쁨에 들떠 있지는 않을 거예요. 소파에 딱 붙어 있는 이 녀석은 자신이 행복하지 않다는 것을 가능한 모든 방법으로 알려줄 거예요. 입꼬리가 내려간 표정이나 힘들게 옮기는 발걸음 외에도, 심한 경우 제자리에서 꼼짝도 하려 하지 않으려 할 거예요. 남몰래 상쾌한 공기를 즐기며 당신이 모든 힘든 일을 떠맡는 동안 가만히 서 있거나 앉아서 경치를 감상하는 편을 더 좋아해요. 운동은 힘든 일이라고 굳게 믿으며 아무것도 하지 않느라 바빠 운동까지는 신경 쓸 여유가 없는 녀석이에요.

강아지의 여섯 가지 성격 점수표

당신이 키우는 강아지가 어느 한 유형에 딱 들어맞지 않을지는 모르지만 강아지의 여섯 가지 성격(9페이지 참조)을 참고해 핵심적인 특성을 찾아보세요. 같은 영역에서 몰표가 나왔다면 강아지의 성향을 추측하기 쉽겠죠. 그렇지 않더라도 가장 눈에 띄는 특성을 찾아본다면 당신이 키우는 강아지의 본성과 동기 부여가 되는 요소에 관해 힌트를 얻을 수 있어요. 그래야만 함께 훈련을 하고 관계를 쌓아가는 과정에서 잘못된 접근을 피할 수 있어요.

아래는 질문을 마치고 강아지의 여섯 가지 성격을 정리해 놓은 것이에요. 당신 강아지의 특성과 일치하는 내용에 체크하거나 표시해 점수를 매기며 강아지의 주된 성격 유형을 찾아보세요.

1. 지배적

.... **Total:** ....

2. 온순함

.... **Total:** ....

3. 외향적

.... **Total:** ....

4. 내성적

.... **Total:** ....

5. 순응적

.... **Total:** ....

6. 독립적

.... **Total:** ....

결론

이 책에 나온 질문들은 당신의 댕댕이를 더 잘 이해하고, 강아지의 성격과 독특한 특성을 통찰해보고자 만들었어요. 강아지가 어떤 생각을 하고, 어떻게 느끼고, 당신과 어떻게 관계 맺고 있는지 아는 것은 중요해요. 당신이 강아지를 더 깊이 이해하고 싶어 하는 것처럼 강아지들도 당신과 특별한 유대감을 형성하고 싶어 해요.

강아지의 심리적 구조를 살펴보는 데 성격 테스트가 도움이 될 거예요. 물론 강아지를 이해하기 위해 고려해야 할 사항은 이보다 훨씬 더 많죠. 사람과 마찬가지로 강아지도 끊임없이 진화하면서 사람과 공존하는 방법을 배우고 있거든요. 강아지는 주변에서 일어나는 일과 과거 경험 등 외부적 요소뿐 아니라 감정적, 육체적 반응에도 영향을 받아 일상적 행동이 결정돼요. 환경이 변하면, 특히 규칙적인 일상을 선호하는 강아지라면, 이런 변화가 강아지의 성격에도 당연히 영향을 미쳐요. 강아지는 당신이 느끼는 감정도 잘 알아채요.

이 책은 강아지의 본성을 이해하고 강아지가 만족스러운 삶을 살 수 있도록 돕는 방법을 찾아보는 시작점이 될 거예요. 더 많은 자극을 원하는 강아지라면 퍼즐을 준다거나 숨긴 간식 찾기 놀이를 해서 강아지의 마음을 사로잡을 수 있어요. 분리 불안을 겪고 있다면 몇 분 간 떨어져 있는 연습을 하면서 그 시간을 늘려갈 수 있어요. 강아지에 대해 더 많이 알게 되면 당신이 강아지에게 어떻게 동기 부여를 하고, 기분을 좋게 만들며, 안전한 환경에서 사랑받는 기분을 느끼게 해줄지 알게 될 거예요.

무언가 잘못되었을 때도 빨리 알아채겠죠. 물론 정확한 답은 없어요. 강아지는 언제나 놀라움으로 가득한 존재예요. 바로 이런 점이 강아지와 함께 사는 것을 즐겁게 하고 평생의 동반자로 생각하게끔 만드는 요소죠. 당신의 인생이 강아지와 함께 하는 멋진 모험이 되기를 바라요!

더 알아보기

강아지의 유형과 품종

전 세계적으로 외모와 성격이 뚜렷이 구별되는 400종의 강아지가 사람들의 반려견으로 함께 살아가고 있어요. 어떤 강아지와 인생을 함께하고 싶은지, 당신이 강아지에게 무엇을 줄 수 있는지에 따라 강아지를 선택할 수 있어요. 얼마나 많은 시간을 함께 보내고 훈련시킬 수 있는지도 중요하고, 어떤 지역에서 누구와 함께 살고 있는지도 강아지를 선택하는 데 영향을 끼치죠.

당신이 찾는 강아지의 유형을 안다면, 또 당신이 강아지에게 해줄 수 있는 게 무엇인지 잘 안다면 당신과 어울리는 최고의 강아지를 찾을 수 있을 거예요. 강아지들도 사람처럼 다양한 외모와 체형을 가지고 있어요. 예쁘게 생긴 강아지가 있는가 하면 아주 똑똑한 강아지도 있죠. 아무리 먼 거리에서도 냄새로 문제를 탐지하는 강아지도 있고 목적에 따라 팀의 일원으로서 멋진 활약을 펼치는 강아지도 있죠.

당신이 강아지를 선택하는 데 도움이 되기 위해 품종이 생긴 이유를 근거로 강아지의 종을 분류해봤어요. 강아지의 본능과 충동에 관한 통찰을 얻을 수 있는 설명도 덧붙였답니다. 다음 페이지에서 친숙한 몇몇 종을 포함한 강아지 목록을 확인해 보세요. 당신이 키우는 강아지가 이런 대략적 특성과 유형에 얼마나 일치하는지도 살펴보세요.

강아지 목록

교배종

기존 품종 간의 특성들이 결합되어서 고유 품종으로 인정받지는 못해요. 따라서 특정한 목적을 위한 교배가 이루어지진 않아요. 하지만 사랑스럽고 온화한 성격 때문에 인기가 많답니다. 퍼글(퍼그 x 비글)과 같이 이름으로 강아지의 혈통을 유추해 볼 수 있죠. 외모가 다양하고 두 부모의 특징이 함께 나타나요. 푸들은 이런 교배종에서 대개 다른 한 쪽의 혈통을 이루고 있어요.

관련 품종: 래브라두들, 퍼글, 코카푸, 요키푸
주요 특징: 톱배우, 산책가

사냥견

사랑스럽고 매우 사교적이고 다정해요. 원래는 사냥을 함께 할 목적으로 교배되었어요. 다방면으로 재주가 많답니다. 주인을 위해 사냥하고, 정확한 위치를 찾아내고, 사냥감을 물고 와요.

관련 품종: 잉글리시 세터, 포인터, 코커 스패니얼, 골든 리트리버
주요 특징: 낙천주의자, 사냥꾼

하운드

원래는 사냥을 목적으로 길렀으며 시각과 후각에 따라 두 가지 범주로 구분해요. 하운드는 뛰어난 시력이나 매우 예민한 후각을 사용해 사냥감을 획득해요.

관련 품종: 아프간 하운드, 바셋 하운드, 비글, 아이리쉬 울프하운드
주요 특징: 모험가, 반항아

양치기견

다른 동물을 보살피는 데 능한, 매우 활동적인 양치기견은 주로 양을 이동시키고 보호할 목적으로 사육되었어요. 전 세계적으로 양, 소, 순록 등의 가축을 돌보고 다른 포식자로부터 이들을 안전하게 지키는 일에서 활약을 펼쳐요.

관련 품종: 보더 콜리, 저먼 셰퍼드, 피니시 라프훈트, 올드 잉글리시 쉽독
주요 특징: 올림픽 선수, 보디가드

테리어

혈기 왕성하고 활동적인 테리어는 원래 해충을 사냥하고 죽일 목적으로 사육되었어요. 포식동물과 같은 천성이 있어 에너지가 엄청나며 만족감을 느끼려면 자극이 많이 필요해요. 또 하나의 특징으로 같은 테리어 종과는 직접 대면하지 않는 특성이 있어요.

관련 품종: 불테리어, 잭 러셀 테리어, 폭스 테리어, 스태퍼드셔 불테리어
주요 특징: 워커홀릭, 야생마

애완견

정말 작아요. (때때로 아주 작은!) 애완견은 주로 부자와 귀족들이 반려동물로 키우기 시작했어요. 다른 종과는 달리 특정한 목적을 두고 사육된 종은 아니에요. 다정한 천성 덕분에 사람과 쉽게 유대감을 쌓을 수 있어요.

관련 품종: 비숑 프리제, 카바리에 킹 찰스 스파니엘, 포메라니안, 퍼그
주요 특징: 모델, 베스트 프렌드

작업견

경비일부터 썰매 끌기, 위험 상황에서의 인명 구조 등 특정한 일을 시킬 목적으로 사육돼요. 강하고 근면하며 집중력이 뛰어나지만 큰 몸집 속에는 다정한 영혼이 자리잡고 있어요

관련 품종: 복서, 저먼 핀셔, 뉴펀들랜드, 세인트 버나드
주요 특징: 순둥이, 구루

참고 도서

David Alderton, *The Right Dog for You*, Ivy Press (2021)

Lili Chin, *Doggy Language: A Dog Lover's Guide to Understanding your Best Friend*, Hachette (2020)

Sina Eschenweber, *Mental Exercise for Dogs: 101 Best Dog Games for Agility*, Intelligence & Fun (2020)

The Monks of New Skete, *How to Be Your Dog's Best Friend: The Classic Training Manual for Dog Owners,* Little Brown (1998)

Kyra Sundance, *101 Dog Tricks: Step by Step Activities to Engage, Challenge, and Bond with your Dog,* Quarry Books (2007)

Daniel Tatarsky, *How Dogs Work: A Head-to-Tail Guide to your Canine*, DK (2021)

www.akc.org
강아지의 품종을 비롯해 강아지에 관한 거의 모든 정보가 있는 환상적인 사이트다.

www.bringfido.com
전 세계 어디를 방문하든 강아지를 환영하는 호텔부터 최고 음식점까지 잘 정리해 놓았다.

www.dogstrust.org.uk
강아지에게 평생의 집을 제공해주는 일부터 훈련, 돌봄에 이르기까지 다양한 정보를 알려준다.

www.rover.com/blog
강아지를 키우는 데 필요한 유용한 조언과 충고가 많이 담겨 있다.

www.rspca.org.uk/adviceandwelfare/pets/dogs
최고 전문가가 나와 강아지를 보살피는 법에 대해 실용적인 조언을 해준다.

저자 앨리슨 데이비스

동물과 점성술, 자기개발을 비롯한 다양한 주제에 관해 40여 권 이상의 책을 썼으며, 강아지에 관한 책으로 베스트셀러 《Be More Dog》가 있다. 잡지 <Take a Break Pets>에 강아지에 관한 모든 것을 주제로 정기적으로 글을 쓰고 있다.

삽화 알리샤 레비

우크라이나 키예프 출신인 알리샤 레비(@LevysFriends)는 현재 독일에서 거주하고 있으며 주로 인간과 반려동물 사이의 멋지고 유쾌한 관계를 작품으로 표현하고 있다.

옮긴이 조유미

한국외국어대학교 통번역대학원 한영과(번역 전공)를 졸업하고 현재 번역에이전시 엔터스코리아에서 출판 기획 및 전문 번역가로 활동하고 있다.
주요 역서로는 『테이트 유화 수업 : 창조적 예술가들에게 배우는 유화 기법』 『테이트 수채화 수업』 『토크 아트』 『이유 있는 브랜딩』 『세계 문화 여행: UAE : 세계의 풍습과 문화가 궁금한 이들을 위한 필수 안내서』 『세계 문화 여행: 싱가포르 : 세계의 풍습과 문화가 궁금한 이들을 위한 필수 안내서』 『미술관에서 알렉스 카츠를 만나다(출간예정)』 『카라바조: 빛과 어둠의 대가(출간예정)』 등이 있다.

견성검사

초판 1쇄 인쇄일 | 2023년 3월 15일　　초판 1쇄 발행일 | 2023년 3월 20일

지은이 | 앨리슨 데이비스
그린이 | 알리샤 레비
옮긴이 | 조유미
펴낸이 | 강창용
편　집 | 신선숙, 강동균, 강석호
디자인 | 가혜순

펴낸곳 | 느낌이있는책
출판등록 | 1998년 5월 16일 제10-1588
주　소 | 경기도 고양시 일산동구 중앙로 1233(현대타운빌) 302호
전　화 | (代)031-932-7474
팩　스 | 031-932-5962
이메일 | feelbooks@naver.com

ISBN 979-11-6195-188-1 13180

* 책값은 뒤표지에 있습니다.　* 잘못된 책은 구입처에서 교환해 드립니다.